Título original: *Por que existo? O propósito de Deus para a minha vida*

Editora
Renata Sturm

Capa e projeto gráfico
Matheus Costa e Rafael Bersi

Foto do autor
Laércio Barauna

Revisão
Ana Maria Mendes e Francine Torres

1ª Edição — Novembro de 2020

mqnr
sanktō

R. Ibituruna, 1095 — Parque Imperial,
São Paulo — SP — CEP: 04302-052
www.sankto.com.br

DADOS INTERNACIONAIS DE CATALOGAÇÃO NA PUBLICAÇÃO (CIP)
Aline Graziele Benitez — Bibliotecária — CRB-1/3129

BOTANI, Henrique
Por que existo? O propósito de Deus para a minha vida
Henrique Botani. — 1. ed. — São Paulo:
Maquinaria Sankto Editora, 2020.

ISBN 978-65-88370-01-8

1. Cristianismo 2. Evangelho — Estudo e ensino 3. Bíblia 4. Ansiedade
5. Depressão 6. Existência I. Título.

ÍNDICE PARA CATÁLOGO SISTEMÁTICO:
231 — Deus: modos do conhecimento de Deus como Fé/Razão/Tradição

20-48082 CDD-158.1

O propósito de Deus para a minha vida

Por que existo?

HENRIQUE BOTANI

boto

fé

Ao lermos este livro, fica claro nas expressões, nas palavras e nos testemunhos a clareza do propósito de Deus para o homem. O ser humano sem propósito se torna uma pessoa vazia. Alguém que não entendeu seu propósito é como um barco à deriva — qualquer lugar serve, qualquer direção é motivo de contentamento, não importa se há vento ou não, para ele tudo está bom. Tudo muda quando você entende que tem um propósito em Deus, que ele te criou para algo e que você não está neste mundo à toa, que o que você faz tem valor para ele.

WESLEI VARELLA
Pastor Sênior na Igreja Videira Santa Cruz — São Paulo

Muitas pessoas vivem uma vida sem propósito, sem conhecimento e sem entendimento da vontade de Deus para suas vidas. Este livro, de uma forma bem simples e clara, aborda esse assunto, explicitando a importância de saber o propósito que Deus tem para nós e o quanto isso é poderoso e gratificante. Com certeza, este livro será uma das melhores leituras da sua vida, portanto leia atentamente.

FILIPE DEFAVARI
Pastor de Adolescentes na Igreja Videira de Ourinhos — São Paulo

É interessante como o autor explica o propósito geral, sobre sermos como Jesus, filhos amados de Deus com identidade formada e com um propósito específico. O propósito do "ser" e do "fazer" é um ensinamento essencial a todo cristão.

Se não temos essa clareza, é possível que nossa vida seja em vão. Este livro é um resumo de uma história, uma vida de realizações e propósito! Certamente irá edificar a sua vida.

FILIPE SILVA
Pastor Sênior na Igreja Videira Lisboa — Portugal

O pastor Henrique é cheio de criatividade, dinâmica e é apaixonado por ver pessoas sendo transformadas pelo amor de Deus. O propósito deste livro, escrito por meu amigo e parceiro Henrique Botani, é responder "por que existo", abordando chamado, religiosidade, propósito e verdades que vão retirar todos os filtros nos impedindo de ver Jesus como ele realmente é. Tiremos as traves e os ciscos dos nossos olhos. Esta geração precisa ver Jesus através de mim e de você!

MARCOS NOÉ
Pastor Sênior na Igreja Videira Vila das Belezas — São Paulo

No livro, o autor escreve com muita clareza como podemos ter uma vida engajada no propósito de Deus, ou seja, uma vida que de fato vale a pena ser vivida. Todos nós fomos criados para cumprir algo, nossa vida não pode ser vivida de qualquer forma. Todo ser humano tem o desejo de realizar algo relevante neste mundo, mas, para isso, ele precisa descobrir qual é o propósito de sua vida. Ao ler este livro, a sensação é como se fosse uma cortina se abrindo diante de nossos olhos, fazendo-nos enxergar uma imensidão de possibilidades, onde o criador deseja nos mostrar por que estamos vivendo nos dias de hoje.

BRUNO VIDAL
Pastor Sênior na Igreja Videira Bauru — São Paulo

pqler

Saber definir o motivo de nossa existência é o que nos encherá de alegria, gozo e satisfação. Esse preenchimento completo, no entanto, jamais acontecerá se deixarmos Deus fora da equação. Portanto, enxergá-lo em nosso propósito existencial é, com certeza, a coisa mais importante e relevante que podemos fazer para melhor vivermos nesta terra dos viventes.

O Reino de Deus começa com o nosso novo nascimento, no momento em que temos um encontro com Deus e passamos a viver uma nova vida. Fique claro que Deus não vem ao nosso encontro para simplesmente melhorar a vida que já tínhamos, mas para nos dar uma diferente, que é vivida no Reino de Deus. E o alvo dessa nova vida é que a cada dia nos pareçamos mais com o autor da vida, o Senhor Jesus Cristo. Quanto mais nos parecermos com ele, menos seremos enganados ou levados por qualquer vento de doutrina. Uma das características do cristão imaturo é a falta de propósito em sua vida. Ele precisa, antes de tudo, conhecer Deus, para que possa encontrar nele o motivo de sua existência.

Deus deseja que sejamos sua imagem e semelhança, esse é um desejo que vem desde o Jardim do Éden e perdura até os nossos dias. Pessoas maduras, aquelas que mais se parecem com Cristo, sabem quem são e permanecem firmes em seu propósito divino, elas são intocáveis em sua posição diante do Senhor.

Com certeza, saber o propósito de Deus nos torna pessoas maduras, deixamos de ser crianças e ganhamos o direito de receber o maná espiritual dos céus. Aquelas que cresceram em Cristo querem mostrar para outras o que receberam do Pai. Isso cria um destino, uma meta, um objetivo a ser atingido. Aquele que tem propósito não caminha sem direção, ele tem um rumo, um caminho a ser seguido até a vinda do Senhor!

Não tenho dúvidas de que o pastor Henrique está apto a falar sobre um assunto tão importante e relevante para o cristão. Seu amor e seu compromisso para com a obra de Deus falam por si só, e você perceberá isso lendo esse livro, que foi escrito de uma forma muito clara, peculiar e divertida, sem perder em nenhum momento a seriedade que o assunto exige. Também não tenho a menor dúvida de que você terá um grande acréscimo em conhecimento e revelação no propósito de Deus para sua vida ao ler *Por que existo? O propósito de Deus para a minha vida*.

Deus os abençoe ricamente sempre!

CELSO DEFAVARI
Pastor Sênior na Igreja Videira de Ourinhos

#gratidão

Dedico este livro
o meu pai natural
espiritual, José
arlos Botani,
neu maior herói
esta terra.
ombateu o
om combate,
ompletou a
arreira e guardou
fé. Amo você
ara sempre.

guia para sua jornada

intro

Ao começar a ler estas páginas, você talvez pense "quem é esse cara? Nunca ouvi falar dele", ou você até me conheça, mas pense: "será que vale a pena investir o tempo da minha vida nesta leitura?".

Deixe-me falar algo a você. Realmente, meu nome não é conhecido nesta Terra, e eu não sou um grande escritor (quem sabe depois deste livro eu não me torne um?). Nunca pensei em escrever um livro, mas cá estou eu, e aí está você, lendo, então creio que esse negócio deu certo.

Antes de começar a introdução propriamente dita, quero que você saiba que comecei a escrever este livro por causa de um vídeo que vi na minha linha do tempo do Facebook. Esse vídeo mostra o time campeão do Super Bowl em 2018, o Philadelphia Eagles. O time atribui a conquista deles totalmente a Jesus. De uma forma muito clara, eles dizem: "fomos chamados por Deus, não para jogar, mas para fazermos discípulos por meio do futebol". Chorei copiosamente vendo o vídeo enquanto Deus falava comigo. Na verdade, falar sobre a certeza de propósito existencial sempre foi algo que fez parte de mim, mas aquele dia foi diferente, pois o que ecoava dentro de mim era: "uau! Eles entenderam por que existem e estão vivendo por isso, eles têm a clareza do propósito para o qual foram criados".

Você também pode assistir ao vídeo por este **QR CODE**.

Assista, depois continue a leitura!

Depois desse vídeo, começaram a saltar versículos e mais versículos em minha mente, e um entusiasmo imenso surgiu dentro de mim, e fui impulsionado pelo Espírito Santo a escrever. Sei que muitos ainda não entenderam o seu chamado ou nem sabem que isso existe ou, se sabem, não estão vivendo esse chamado. Mas não importa, se este livro está em suas mãos hoje, não é por acaso, mas é porque Deus quer falar com você.

Por isso, não importa se você me conhece ou não, se sou um escritor famoso ou não. Importe-se somente em saber que aquele que conhece você o trouxe, de alguma forma, até este livro. Então, leia com seus olhos e ouvidos atentos, pois com certeza Deus falará com você.

Durante muito tempo da minha vida, pensei sobre o porquê de estar aqui na terra, por qual motivo eu nasci. Foram tantas as noites, quando eu era um adolescente sem um rumo, que estive deitado em minha cama com a cabeça no travesseiro pensando na vida (qualquer semelhança com você é mera coincidência), e fiz esta pergunta para mim mesmo: "por que e para que existo?", "por qual motivo nasci nesta família, nesta casa, neste país, com estes pais e irmãos?", "será que o que estou fazendo realmente é o que nasci para fazer?", "será que estou no rumo certo?".

Creio piamente que a maioria dos seres humanos se faz essas mesmas perguntas, pois todos nós estamos em busca de significado existencial, queremos saber para onde estamos indo e aonde chegaremos. Durante um longo tempo fiquei vagando em busca disso, até que encontrei o que nasci para fazer. Mas sobre meu testemunho quero falar mais para frente.

O que quero mostrar nesta introdução é que você será instigado a sonhar, desejar e ansiar pelo seu propósito de vida a cada página deste livro, pois somente assim você terá satisfação e motivo para acordar todos os dias, sabendo que está no centro da vontade de Deus para a sua vida, e é nesse lugar de satisfação do seu propósito e prazer que você frutificará e influenciará toda uma geração.

Você, mais do que ninguém, precisa desejar isso, pois no Grande Dia do Senhor chegaremos diante dele e o que entregaremos? Aquilo que achamos que deveríamos ter feito ou entregaremos os frutos de um propósito concluído?

Que possamos dizer como o grande Apóstolo Paulo em 2 Timóteo 4:7: "combati o bom combate, completei a carreira, guardei a fé". Que possamos ouvir dos lábios do nosso Senhor Jesus: "servo bom e fiel".[1]

Esse é o desejo do meu coração, por isso sinto um direcionamento muito forte no momento em que escrevo este livro, parece que há algo gritando dentro de mim, como se Deus dissesse: "vocês precisam cumprir aquilo para o qual eu vos escolhi".

Aprendi um exemplo poderoso com o pastor Aluízio (Pastor Presidente e Fundador da Igreja Videira): podemos passar toda a nossa vida fazendo um bolo de chocolate para Deus, a fim de agradá-lo e mostrar a ele o quanto o amamos,

1 Mateus 25:21.

então compramos os melhores ingredientes, gastamos anos preparando a massa, nos esforçamos para fazer a cobertura, nos desgastamos para fazer tudo perfeito, e quando chega o grande dia de entregar o bolo, Deus vira para nós e fala: "eu não gosto de bolo de chocolate, gosto de baunilha, mas o Pedro gosta, dê para ele". O que isso quer dizer? Quer dizer que você pode estar fazendo algo para o qual não foi chamado para fazer. Está entregando um bolo de chocolate para Deus, mas ele nunca quis um bolo de chocolate vindo de você. É importante saber *por que* e *para que* nascemos, pois podemos estar investindo a nossa única oportunidade de vida naquilo que Deus não nos chamou para investir. Você perde todo o seu tempo fazendo um bolo de chocolate para Deus, quando ele simplesmente quer que você o ouça dizer o que deseja de você.

Tenho a convicção de que, ao final deste livro, você terá a plena certeza de por que e para que você está aqui nessa terra. Por isso, não leia este livro como uma revista. Separe um tempo para orar pedindo pela revelação daquilo que Deus quer para você.

Deus o abençoe e lhe dê revelação.

PASTOR HENRIQUE BOTANI

capítulo 1

Qual é o sonho de Deus?

Se eu lhe perguntasse qual é o seu sonho, o que você me diria? Geralmente, sonho é aquilo que queremos e desejamos tanto ao ponto de estarmos dispostos a dar e a investir tudo o que temos para conquistá-lo.

Quando Deus criou os céus e a terra, ele moveu tudo em prol de um sonho, um propósito. Podemos chamar esse propósito de propósito eterno de Deus, ou seja, algo que sempre esteve e sempre estará no coração dele. Deus Pai esteve em harmonia com Deus Filho e Deus Espírito antes mesmo que o mundo existisse, eles sempre viveram em comunidade, em unidade perfeita. Porém, um certo dia, esse sonho de compartilhar foi direcionado a criaturas (diferentes de Deus, porque ele não é criatura, e sim o Criador), pois o alvo que eles tinham era uma família de filhos e filhas segundo a sua imagem.

> *Então disse Deus: 'Façamos o homem à nossa imagem, conforme a nossa semelhança'."*
> *(Gênesis 1:26)*

Esse é o ponto de partida do sonho de Deus para o homem.

Quero chamar a sua atenção para algo interessantíssimo na criação. Quando Deus começou o processo de criação do mundo, a bíblia aponta que ele usou o verbo "dizer". Vamos ver em alguns versos:

> ***Disse** Deus: 'Haja luz', e houve luz".*
> *(Gênesis 1:3)*

> *Depois **disse** Deus: 'Haja entre as águas um firmamento que separe águas de águas'". (Gênesis 1:6)*

> *E **disse** Deus: 'Ajuntem-se num só lugar as águas que estão debaixo do céu, e apareça a parte seca'. E assim foi". (Gênesis 1:9)*

Contudo, na criação do homem, o verbo foi diferente:

> ***Criou Deus o homem à sua imagem,** à imagem de Deus o **criou**; homem e mulher os **criou**". (Gênesis 1:27)*

> *Então o Senhor Deus **formou** o homem do pó da terra (...)". (Gênesis 2:7)*

Gênesis 1:27 aponta que Deus *CRIOU*, e em Gênesis 2:7 vemos que Deus *FORMOU*. Sabe o que isso nos mostra? Que Deus não disse, mas ele, com suas próprias mãos, fez o homem. Deus não simplesmente disse: "*faça o homem!*". Ele, porém, com suas próprias mãos, demonstrando intimidade, cuidado, amor, zelo, relacionamento pela humanidade gerou o homem. Por que isso? O desejo de Deus é esse, relacionar-se comigo e com você de maneira íntima, como um Pai para com um filho. Esse é um amor que você nunca conseguirá achar em outra fonte senão em Deus.

No entanto, qual é esse sonho, propósito ou desejo que está no coração de Deus e para o qual estamos cooperando? Por que Deus enviou seu único filho para morrer em nosso lugar? Por que Jesus se dispôs a morrer por nós? A resposta para todas essas perguntas é simples, Deus nos ama incondicionalmente, então o desejo, propósito e sonho dele é ter uma grande família de filhos segundo a sua imagem e semelhança, para que ele se relacione com esses filhos.

Vamos analisar, na bíblia, três pontos em que Deus demonstra seu propósito em ter essa família. E, por causa desse grande amor com que nos amou, deu o seu único filho, Jesus, que também nos amou e se entregou por mim e por você. Iremos chamar esses três pontos de "Os Três Começos de Deus".

O primeiro começo: Adão

Quando Deus criou o homem, o objetivo era que houvesse um relacionamento (como já vimos anteriormente), a fim de que o homem fosse perfeito assim como Deus, pois o desejo de Deus era, e é, que o homem andasse na sua presença, e por isso Deus deu ao homem uma missão:

E criou Deus
homem à sua
magem, à imagem
e Deus o criou;
omem e mulher
s criou. Deus os
bençoou e lhes
isse: Sejam férteis
multipliquem-se!
ncham e
ubjuguem a
erra!"

ênesis 1:27-28

Deus queria que o homem frutificasse, mas não de qualquer jeito: o alvo era que o homem gerasse filhos e filhas segundo a imagem e semelhança de Deus, por essa razão, Deus tinha intimidade com Adão e estava com ele diariamente. Uma identidade seria formada em Adão a partir do momento em que ele vivesse com Deus, pois sabemos que "você se torna parecido com aquele que te influencia", como diria o ditado. Se Adão andava com Deus, então seria parecido com Deus em seus caminhos. Porém as coisas não permaneceram assim.

Infelizmente, sabemos que a história do Éden não teve um final feliz. O homem desviou-se do propósito que Deus tinha para ele ao realizar a sua própria vontade humanamente egoísta.[2] Essa quebra de propósito trouxe sobre o homem um fardo que Deus não pretendia deixar em suas mãos. O homem achou que poderia cuidar melhor de si mesmo. A esse ponto, sabemos que, quando escolhemos a nossa vontade em detrimento do propósito de Deus, é tragédia na certa.

Será que Adão no Éden poderia ter dado certo? Será que tudo poderia ter sido diferente? Creio que sim. Adão poderia muito bem ter comido da árvore da vida em vez da árvore do conhecimento do bem e do mal. Mas, por não ter dado certo, foi necessária uma nova gênese. Claro, não podemos nos esquecer de que nada acontece por acaso, Deus está no controle de todas as coisas, mas o homem tem seu poder de escolha, e Adão e Eva fizeram uma escolha. Então, veio o novo Gênesis.

---

2 Gênesis 3.

O segundo começo: Noé

> *Esta é a história da família de Noé: Noé era homem justo, íntegro entre o povo da sua época; ele* ***andava com Deus****. Noé gerou três filhos: Sem, Cam e Jafé. Ora, a terra estava corrompida aos olhos de Deus e cheia de violência. Ao ver [Deus] como a terra se corrompera, pois toda a humanidade havia corrompido a sua conduta (...).”*
> *(Gênesis 6:9-12)*

Por que Deus decidiu começar tudo novamente por meio de Noé? Por que ele não escolheu outra pessoa? Simplesmente porque Noé *andava com Deus*, isso o tornava imagem e semelhança de Deus. A palavra do Senhor dá o testemunho de Noé ao dizer que ele *andava com Deus*. Como já diz o ditado popular: “diga-me com quem tu andas e te direi quem és”. E Noé andava com Deus.

É interessante ver que a Palavra de Deus diz que Noé era “justo e íntegro”. Quem somente é Justo e Íntegro? Apenas o Senhor. Noé, porém, andava com Deus, Noé era da turma de Deus, Noé era da “turma celestial”, Noé tinha o mesmo cheiro de Deus, pois andava colado com ele. Então, podemos entender que não havia possibilidade de outra pessoa recomeçar a humanidade senão Noé. E qual foi a missão, propósito e objetivo que Deus deu a Noé quando ele e sua família desceram da arca?

> *Deus abençoou Noé e seus filhos, dizendo-lhes: 'Sejam férteis, multipliquem-se e encham a terra'." (Gênesis 9:1)*

O propósito de Deus é que a terra seja cheia não de cristãos religiosos, mas de filhos segundo a sua imagem, e foi pensando nesse propósito que Deus colocou o mesmo desejo no coração de Adão e Noé. Mas infelizmente a geração que veio após Noé fracassou. Novamente, foi necessário um novo Gênesis.

O terceiro começo: Abraão

A história de Abraão se inicia no final de Gênesis 11 e começa falando a respeito de seu nascimento. Sabemos que Abraão era de Ur dos Caldeus e trabalhava com seu pai fazendo imagens de escultura. Abraão era alguém riquíssimo. Um dia, enquanto estava em sua casa, Deus falou com ele.

> *Então o Senhor disse a Abrão: 'Saia da sua terra, do meio dos seus parentes e da casa de seu pai, e vá para a terra que eu lhe mostrarei. Farei de você um grande povo, e o abençoarei. Tornarei famoso o seu nome, e você será uma bênção. Abençoarei os que o abençoarem, e amaldiçoarei os que o amaldiçoarem; e por meio de você todos os povos da terra serão abençoados." (Gênesis 12:1-3)*

Deus tinha um chamado muito claro para Abraão: por meio dele uma grande nação seria gerada, o nome dele seria conhecido por todos os lugares e ele seria o Pai de

Multidões. E hoje, depois de milhares de anos, estamos falando a respeito desse grande homem de Deus.

> *"Quando Abrão estava com noventa e nove anos de idade o Senhor lhe apareceu e disse: 'Eu sou o Deus todo-poderoso; ande segundo a minha vontade e seja íntegro. Estabelecerei a minha aliança entre mim e você e multiplicarei muitíssimo a sua descendência'. Abrão prostrou-se com o rosto em terra, e Deus lhe disse: 'De minha parte, esta é a minha aliança com você. Você será o pai de muitas nações. Não será mais chamado Abrão; seu nome será Abraão, porque eu o constituí pai de muitas nações. Eu o tornarei extremamente prolífero; de você farei nações e de você procederão reis'." (Gênesis 17:1-6)*

O mesmo convite que Deus fez a Adão e a Noé foi feito agora a Abraão: "ande segundo a minha vontade e seja íntegro. Estabelecerei a minha aliança entre mim e você e multiplicarei muitíssimo a sua descendência". Foi nesse momento que Deus mudou o nome de Abrão, que significa "Pai Exaltado", para Abraão, "Pai de Multidões". Você consegue perceber o propósito de Deus?

Hoje, a bíblia nos mostra que somos filhos de Abraão porque somos da fé.[3] Somos aqueles que Deus prometeu dar a Abraão, incontáveis como as estrelas do céu e a areia do mar.

Deus enfatizou o seu propósito em três momentos cruciais da história: Adão, Noé e agora Abraão. Quando há

3 Gálatas 3.

algo sendo enfatizado na bíblia, é porque Deus quis manter aquilo ali. Então, podemos definir com toda a certeza de que este é o propósito eterno de Deus: ter uma família em que ele possa se relacionar com seus filhos formados segundo a sua imagem e semelhança. Mas você pode pensar: "e na Nova Aliança, onde isso foi expresso? Onde esse desejo e propósito de Deus é mencionado?". Ao longo da bíblia, vemos diversas passagens que falam sobre o desejo de Deus para com seu povo, sua família. Entretanto, veremos apenas algumas delas.

Mateus 28:19 diz:

> "*Portanto, vão e façam discípulos de todas as nações, batizando-os em nome do Pai e do Filho e do Espírito Santo*".

Jesus, no momento em que estava subindo aos céus, disse suas últimas palavras. Geralmente, as últimas palavras de alguém, seja em um leito de morte ou em algum momento de despedida, são consideradas importantíssimas, algo que não deve ser esquecido. Jesus, ao deixar seu último direcionamento aos discípulos, disse com o que Deus sonha, com o que ele sonha e com o que o Espírito Santo sonha: discípulos!

O que Jesus diz no verso 19 de Mateus 28, "façam discípulos de todas as nações", é o mesmo que Deus diz em Gênesis para Adão e para Noé: "multipliquem-se e encham a terra". Discípulos são aqueles que pisam as mesmas pegadas, que têm o mesmo DNA de seu mestre, ou seja, são filhos. Essa é uma afirmação poderosa.

Podemos ver a questão da importância de ser chamado "discípulo" com ainda mais clareza em João 4, quando Jesus se encontra com a mulher samaritana.

“*Disse-lhe Jesus: 'Dê-me um pouco de água'. (...) A mulher samaritana lhe perguntou: 'Como o senhor, sendo judeu, pede a mim, uma samaritana, água para beber?'. (...) Jesus lhe respondeu: 'Se você conhecesse o dom de Deus e quem está pedindo água, você lhe teria pedido e dele receberia água viva'. Disse a mulher: 'O senhor não tem com que tirar água, e o poço é fundo. Onde pode conseguir essa água viva?' (...) Jesus respondeu: 'Quem beber desta água terá sede outra vez, mas quem beber da água que eu lhe der nunca mais terá sede. Ao contrário, a água que eu lhe der se tornará nele uma fonte de água a jorrar para a vida eterna'.”*

Enquanto conversava com a samaritana, Jesus falava de uma espécie de água, mas não de uma água natural — ele tinha sede de salvar vidas, e oferecia a si mesmo como “água viva”, a água da qual todo ser humano tem sede.

A partir do versículo 31, Jesus tem uma conversa interessante com seus discípulos logo após terminar de conversar com a samaritana.

“*Os discípulos insistiam com ele: 'Mestre, come alguma coisa'. Mas ele lhes disse: 'Tenho algo para comer que vocês não conhecem'. Então os seus discípulos disseram uns aos outros: 'Será que alguém lhe trouxe comida?' Disse Jesus: 'A minha comida é fazer a vontade daquele que me enviou e concluir a sua obra'.”*

(João 4:31-34)

Ao dizer para os discípulos no verso 34 que "a minha comida é fazer a vontade daquele que me enviou e concluir a sua obra", Jesus está falando de comida natural? Claro que não! Ele tinha acabado de conversar com a mulher samaritana sobre a água viva. Os discípulos, no verso 33, pensaram que alguém tinha trazido comida para ele, mas Jesus estava falando da vida daquela mulher, da fome e sede relacionadas a Deus — é uma necessidade básica para nós, para a mulher samaritana, para todos os seres humanos. Estar com Deus é a necessidade básica mais importante que comida e bebida.

Precisamos entender algo importante: na visão de Jesus, fazer a vontade de Deus e realizar a obra de Deus é comida. Comida significa necessidade de vida. Se não comermos, morreremos. Sem comida não há existência, pois dependemos de comida.

Se gerar frutos, filhos e discípulos não fosse importante, Jesus não teria comparado essa ação à comida, uma necessidade vital dos seres vivos para sobrevivência. Contudo, ele fez essa comparação a fim de mostrar que, para Jesus, realizar a obra de Deus era razão de vida, era uma necessidade diária para Cristo. Agora fica muito mais claro que fazer a vontade de Deus e realizar a sua obra está totalmente relacionado com gerar discípulos, filhos.

Agora, analisemos João 6:29 a fim de entendermos qual é a obra de Deus.

"Jesus respondeu: 'A obra de Deus é esta: crer naquele que ele enviou'."

A obra de Deus é crer no Filho, ponto final. Quando eu creio nele, é aberto diante de mim um novo e vivo caminho,[4] que me dá total acesso a Deus. Por meio desse caminho, posso me relacionar com Deus de tal forma que me torno sua imagem e semelhança. E assim, torno-me parte da família e do propósito do Senhor.

Vou deixar um pouco mais claro para você. O alvo, o propósito de Deus com a morte de Jesus na cruz era que eu e você pudéssemos ter livre acesso à sua presença, pois nenhum homem poderia se achegar a ele, ninguém era santo o suficiente para isso. A morte de Jesus e seu corpo moído na cruz são o véu rasgado que lemos em Hebreus.[5] O véu foi rasgado, e agora eu e você podemos nos achegar à presença de Deus crendo na obra da cruz, onde padeceu o Filho por nossos pecados.

Por nossa própria força, nenhum de nós poderia se achegar a Deus, pois só entra na casa do Pai quem é Filho, e só é filho quem crê no Filho. Quando cremos em Jesus, passamos a ter a imagem dele em nós, então, quando Deus olha para nós, ele vê o Filho e seu sacrifício.

> “*Contudo, aos que o receberam, aos que creram em seu nome, deu-lhes o direito de se tornarem filhos de Deus.” (João 1:12)*

Quando recebemos a Jesus, estamos crendo naquele que o Pai enviou, e isso nos torna filhos e filhas legítimos. Tornando-se filho, você faz parte da família, ao fazer parte da família, você tem livre acesso à presença do Pai, assim como era o desejo do nosso Senhor lá no Éden.

Você consegue enxergar o propósito eterno de Deus em todo este capítulo? Agora podemos prosseguir.

---

4 Hebreus 10:19-20.
5 Id.

capítulo 2

Tudo é dele, por meio dele e para ele

Se você é alguém com conhecimento básico sobre a bíblia, deve ter ouvido ou lido este versículo pelo menos uma vez: "tudo é dele, por meio dele e para ele", em Romanos 11:36. Essa pequena e poderosa frase ecoa por todo o texto bíblico e nas bocas dos cristãos mundo afora. Mas você já parou para pensar o que realmente significa *tudo* ser de Deus, *tudo* é realizado *por meio* dele e *tudo* é *para* ele? Não parece uma frase tão pequena assim agora, não é? Quando falamos a respeito desse assunto, precisamos começar pelo que está no coração do nosso Deus, pois tudo gira em torno de cumprirmos o propósito que, acima de tudo, é dele. Depois de olhar para Deus, precisamos olhar para quem nós somos como Igreja. Como servimos a Deus? Como devemos agir uma vez que nos deparamos com a noção de que Deus tem tudo, faz tudo e tudo é para ele? Qual é a ação que deve ser tomada pelo cristão depois de entender que tudo o que ele é e tudo o que ele tem pertence a Cristo? Texto de 1 Coríntios 3:6-9 diz:

> "*Eu plantei, apolo regou, mas Deus é quem fez crescer; de modo que nem o que planta nem o que rega são alguma coisa, mas unicamente Deus, que efetua o crescimento. O que planta e o que rega têm um só propósito, e cada um será recompensado de acordo com o seu próprio trabalho. Pois nós somos cooperadores de Deus; vocês são lavoura de Deus e edifício de Deus."*

O mais maravilhoso desse texto escrito pelo apóstolo Paulo é vermos que estamos incluídos e fomos chamados por Deus para cumprir o seu propósito, aquilo que ele quer. Somos privilegiados por fazer parte disso.

O texto deixa bem claro:

> *"De modo que nem o que planta nem o que rega são alguma coisa, mas unicamente Deus... Pois nós somos cooperadores de Deus."*

Ou seja, essa obra não é nossa, nós estamos aqui somente para cooperar com Deus e com sua perfeita vontade. Ser cooperador é ser companheiro de trabalho, colaborar com o serviço de outra pessoa. Nós não seremos os donos da obra, mas apenas ajudantes daquele que está realizando a obra.

Podemos nos identificar, para ficar um pouco mais claro, como o bisturi nas mãos do médico. Somos como a serra nas mãos do carpinteiro ou como pincel nas mãos do pintor. Somos o instrumento, e não aquele que executa a ação. Não somos aquele que recebe a glória e os aplausos, por isso precisamos entender que tudo é dele, por meio dele e para ele. Acho isso fantástico, pois Deus, em toda sua soberania, nos escolhe para fazermos parte da obra mais importante de todas, e ainda nos permite participar da execução de tudo isso.

Não podemos cair no engano de acharmos que estamos construindo algo para nós mesmos, um reino exclusivo para nós. Não estamos trabalhando para edificar algo para nossas vidas, mas sim para o Senhor. Por essa razão, o apóstolo Paulo deixa bem claro que nem aquele que planta nem aquele que rega é alguma coisa. Infelizmente, em nossos dias, vemos pessoas usando o Reino para benefício próprio, para ter o seu nome nas páginas do Facebook e Instagram, para ganhar uns *likes* e ser a estrela gospel dos últimos tempos. Esse nunca deve ser o nosso alvo. Deus tem levantado pessoas que se tornam conhecidas, sim, e muitas dessas que conhecemos estão nas redes sociais propagando verdades, pois estão trabalhando em prol de um propósito eterno, e não de um propósito egoísta para si próprios. O que não pode acontecer conosco é acharmos que aquilo que temos construído em Deus é nosso.

É fato que teremos uma recompensa no final. É muita graça da parte de Deus, mesmo que façamos algo que não é nosso, nos recompensar por isso. A bíblia chama essa recompensa de galardão (1 Coríntios 3:10-15). Seremos recompensados por aquilo que estamos fazendo exclusivamente para Deus e da maneira dele. A bíblia é clara em Romanos 12:2 ao dizer que a vontade de Deus é boa, perfeita e agradável. Não podemos querer fazer algo segundo aquilo que pensamos ser bom ou legal, fazer algo justificado por nossos achismos, mas temos de fazer aquilo que teve início no coração de Deus. Podemos ver tal afirmação explícita na Palavra de Deus sobre a vida de Abraão, a maneira mais natural e humana de cumprir um propósito que é sobrenatural e eterno:

> “*Depois dessas coisas o Senhor falou a Abrão numa visão: 'Não tenha medo, Abrão! Eu sou o seu escudo; grande será a sua recompensa!' Mas Abrão perguntou: 'Ó Soberano Senhor, que me darás, se continuo sem filhos e o herdeiro do que possuo é Eliézer de Damasco?'. E acrescentou: 'Tu não me deste filho algum! Um servo da minha casa será o meu herdeiro!'. Então o Senhor deu-lhe a seguinte resposta: 'Seu herdeiro não será esse. Um filho gerado por você mesmo será o seu herdeiro'. Levando-o para fora da tenda, disse-lhe: 'Olhe para o céu e conte as estrelas, se*

é que pode contá-las'. E prosseguiu: 'Assim será a sua descendência'. Abrão creu no Senhor, e isso lhe foi creditado como justiça". (Gênesis 15:1-6)

Esse texto fala da promessa de Deus para Abraão. Nesse tempo, Abraão tinha em torno de 75 anos de idade. Deus prometeu que lhe daria um filho, mas o mais interessante é saber que sua esposa, Sara, era estéril. Eu quero lhe fazer uma pergunta: por que Deus prometeu a um homem que ele teria filhos mesmo sendo sua esposa estéril? Daqui a pouco eu respondo para você, mas reflita sobre isso.

> *"Ora, Sarai, mulher de Abrão, não lhe dera nenhum filho. Como tinha uma serva egípcia, chamada Hagar, disse a Abrão: 'Já que o Senhor me impediu de ter filhos, possua a minha serva; talvez eu possa formar família por meio dela'. Abrão atendeu à proposta de Sarai. Quando isso aconteceu, já fazia dez anos que Abrão, seu marido, vivia em Canaã. Foi nessa ocasião que Sarai, sua mulher, lhe entregou sua serva egípcia Hagar." (Gênesis 16:1-3)*

Vemos aqui a "grande" ideia de Sara. Creio que ela tenha pensado: "se Deus falou que vamos ter um filho, e eu sou estéril, vamos dar uma mãozinha pra ele". Que grande ideia, hein! Aplausos para ela! Acabamos de falar sobre um dos maiores homens de Deus, tanto que hoje somos chamados de filhos de Abraão (pois vivemos também pela fé, como ele viveu), acabamos de dizer que ele é um dos "Três Começos". Mas essa passagem de Gênesis 16 nos mostra que grandes pessoas também vacilam de vez em quando.

Qual foi o "vacilo" de Abraão? Aqui eu respondo à pergunta que coloquei acima: "por que Deus prometeu a um homem que ele teria filhos mesmo sendo sua esposa estéril?". O vacilo do Pai da Fé foi não ter fé, ele não acreditou que Deus era poderoso para dar à esposa dele de cem anos de idade um filho. E é estranho pensar deste modo, mas foi o que aconteceu nesse episódio da vida de Abraão: ele não teve fé.

Deus prometeu dar a eles um filho pelo simples fato de que dar à luz um filho (de forma natural, como qualquer casal que não tenha algum impedimento conseguiria) é uma coisa comum, qualquer ser humano consegue realizar isso. Deus, no entanto, queria se revelar a Abraão como o Deus Todo-Poderoso — e de fato revelou-se depois (Gênesis 17:1). Deus queria demonstrar o poder dele diante de algo que o homem não poderia fazer, algo além do seu controle, para mostrar a Abraão que ele era poderoso e cumpriria, em qualquer circunstância, a sua promessa.

Porém, Sara teve a "brilhante ideia" de dar a famosa "mãozinha" ou "jeitinho brasileiro" na situação. A atitude dela fez nascer Ismael, o filho que foi gerado na carnalidade, naturalidade e autossuficiência humanas, sem precisar de Deus em nada, só foi necessária uma noite de amor, como qualquer outro ser humano poderia realizar. Vamos ver o que Deus falou sobre isso.

> "*Passado algum tempo, Deus pôs Abraão à prova, dizendo-lhe: 'Abraão!'. Ele respondeu: 'Eis-me aqui'. Então disse Deus: 'Tome seu filho, seu único filho, Isaque, a quem você ama, e vá para a região de Moriá. Sacrifique-o ali como holocausto num dos montes que lhe indicarei'."*
> *(Gênesis 22:1-2)*

"Pois dele,
por ele e
para ele
são todas
as coisas.
A ele seja a
glória para
sempre!
Amém."

manos 11:36

Nesse momento, Isaque já tinha nascido. Deus coloca Abraão à prova para ver seu coração. O mais interessante nesse texto é que Deus fala para Abraão trazer seu filho, seu único filho. Espere aí! Deus só pode estar de brincadeira! Como assim único filho? E cadê o irmãozinho Ismael? Ele também é filho de Abraão. É exatamente nesse ponto que eu queria chegar.

Lembra-se de algumas páginas atrás quando eu falei sobre não podermos fazer algo baseado em nossos achismos e da nossa maneira? Foi exatamente isso que Abraão fez. Ele quis fazer algo para Deus de sua maneira, não conforme à vontade Deus e da maneira dele.

Preste bem atenção nisto: **tudo aquilo que fazemos debaixo da nossa vontade e do nosso jeito é como se não existisse para Deus.** É como se não tivéssemos feito. Para Deus, quem era Ismael? Como dizem por aí: quem é Ismael na fila do pão? Ninguém. Ele era o filho da autoconfiança, o filho que nem tinha sido contado, por isso Deus disse: SEU ÚNICO FILHO. Isaque era o filho gerado conforme a perfeita e poderosa vontade de Deus, não de uma forma natural, mas por meio de um milagre inexplicável.

Quando decidimos cooperar com o propósito de Deus da nossa forma, esqueça! Não tem como! É obra de madeira, feno e palha. É obra nossa, pessoal e do reino do "fulano de tal", mas não do Reino de Deus. Não sejamos esses que gastam a vida fazendo as coisas da nossa forma. Já tentamos fazer isso lá no mundo e quebramos a cara. Agora, devemos nos render à vontade e ao propósito de Deus, que é dele, por meio dele e para ele. Lembre-se sempre de que o Reino não é meu, mas faço parte dele, e irei reinar juntamente com Deus, mas o Rei continua sendo ele. Por isso, vamos trabalhar e edificar TUDO conforme o Rei deseja.

capítulo 3

Propósito geral e propósito específico

Quão maravilhoso é pensar que Deus, em sua infinita Soberania e Graça, decidiu nos incluir em seu propósito. Ele poderia muito bem ter enviado os anjos para limparem a nossa bagunça, mas ele não quis isso, ele quer nos fazer participantes de sua obra. Deus quer nos dar o "gosto" de estarmos envolvidos em algo tão sublime e sensacional, que é o seu Reino.

Eu e minha esposa nos convertemos no dia 20 de fevereiro de 2005 em um culto de domingo, onde o pastor, ao final da palavra, fez um apelo. Eu e minha namorada na época, hoje, esposa, Ingrid, levantamos as mãos entendendo que precisávamos totalmente dele. Nós nos arrependemos e nos rendemos ao Rei das nossas vidas.

Quando fizemos aquilo, não tínhamos noção de que naquele exato momento algo estava acontecendo a nosso respeito no céu, um propósito estava sendo designado para nós a partir daquele momento. Dali por diante, as nossas vidas não seriam mais as mesmas. Escrevo isso em lágrimas, pois como foi maravilhoso. O que vivemos até aqui é muito mais poderoso do que aquilo que tínhamos planejado para nossas vidas até aquele domingo de culto.

Nós estávamos sendo incluídos no Reino, e agora tínhamos um Rei que nos guiaria em tudo que fizéssemos. Sonhos estavam sendo plantados em nossos corações, sonhos que nunca tinham passado pela nossa mente e coração. E mesmo que não tivéssemos essa noção, Deus estava tirando o nosso coração de pedra, que só pensava nas coisas terrenas, e colocando em nós um coração de carne igual ao dele, que deseja, anseia e almeja as coisas eternas. Em outras palavras, ele parecia estar falando: "a partir de hoje, vocês não viverão os seus propósitos, mas os meus. Vocês serão meus cooperadores e sonharão comigo, para juntos formarmos uma família com filhos segundo a minha imagem". Que tempo precioso! Depois vou contar mais do meu testemunho, mas vamos continuar... Deus nos coloca envolvidos nesse plano poderoso, mas o que precisamos saber é que há dois propósitos, um geral e outro específico.

O propósito geral

Como o próprio nome sugere, esse propósito é geral, ou seja, de todos. Todos os cristãos em toda a parte do mundo estão de igual modo envolvidos no mesmo objetivo, propósito e sonho de Deus. E como a bíblia mostra como os cristãos devem estar envolvidos nos sonhos de Deus? Vamos lá!

1° — Sermos iguais a Jesus

> "*Sabemos que Deus age em todas as coisas para o bem daqueles que o amam, dos que foram chamados de acordo com o seu propósito. Pois aqueles que de antemão conheceu, também os predestinou para serem conformes à imagem de seu Filho, a fim de que ele seja o primogênito entre muitos irmãos."*
> *(Romanos 8:28-29)*

Que texto! Que verdade! Que maravilhoso! Isso que Deus fala no versículo é sobre mim e sobre você. Deus, o Todo-Poderoso, chama você de filho e filha. Ele nos chamou, deu um destino para nós, um propósito — sermos a imagem de seu Filho. Aleluia! O seu, o meu, o nosso destino já está traçado por Deus. Uau! Meu coração explode quando leio isso, e o seu? Aleluia (se houvesse um emoticon de um bonequinho pulando e dando soco no ar, eu colocaria aqui e agora)!

Agora tudo o que acontecer em nossas vidas, nas vidas dos que estão debaixo do propósito dele, vai cooperar para que sejamos conforme à imagem de Jesus. Estamos sendo moldados conforme Jesus. Estamos sendo colocados na forma de Cristo para que tenhamos o mesmo amor, caráter e realidade que ele tem. Isso não é fascinante?!

O propósito geral com certeza é o mais importante, pois Jesus é o centro de toda a bíblia, de Gênesis a Apocalipse tudo é sobre Jesus. Ele é o Primogênito, ele é o modelo. Sem ele, nada do que foi feito existiria. Ele é o Verbo, ou seja, ele dá sentido a todas as coisas (João 1). Não há como fazermos nada na obra de Deus sem termos a imagem do Filho, pois o Pai não aceita aquilo que não é feito por intermédio do Filho. Por que você acha que Jesus nos mandou orar e pedir no nome dele? Pois a ele foi dado o nome que está acima de todo nome. Leia comigo o que diz João 15:5:

Eu sou a
ideira; vocês
ão os ramos.
e alguém
ermanecer em
nim e eu nele,
sse dará muito
ruto; pois sem
nim vocês não
odem fazer
oisa alguma."

Por que precisamos ser como Jesus? Pois é ele quem faz tudo, e quando somos conforme à imagem dele, é ele quem está fazendo verdadeiramente a obra. Você pode pensar: "ixi, agora eu estou perdido. Ser igual a Jesus? Estou longe disso". Espere aí, não se precipite, não condene a si mesmo. A Palavra de Deus tem a resposta para isso.

Vou abrir um parêntese aqui para que você entenda quem você é em Cristo, senão você pode pensar que jamais conseguirá fazer a obra de Deus, pois quando olha para si mesmo, só enxerga defeitos.

Quem eu sou?

Saber quem eu sou envolve minha identidade, minha convicção sobre a minha posição. Se eu sei quem sou, sei para onde estou indo.

> "*Pois aqueles que de antemão conheceu, também os predestinou para serem conformes à imagem de seu Filho, a fim de que ele seja o primogênito entre muitos irmãos.*" *(Romanos 8:29)*

> "*Dessa forma o amor está aperfeiçoado entre nós, para que no dia do juízo tenhamos confiança, porque neste mundo somos como ele.*" *(1 João 4:17)*

A bíblia é clara ao dizer que somos a imagem de Deus. Sabemos disso, mas vivemos como se não soubéssemos. Achamos a todo instante que estamos em débito com ele e que não temos nada a ver com Jesus.

Para sabermos quem somos, precisamos entender como Deus nos enxerga. Eu sou o que a Palavra de Deus diz que eu sou!

Sou justo

> *"Deus tornou pecado por nós aquele que não tinha pecado, para que nele nos tornássemos justiça de Deus."* (2 Coríntios 5.21)

> *"Logo, assim como por meio da desobediência de um só homem muitos foram feitos pecadores, assim também por meio da obediência de um único homem muitos serão feitos justos."* (Romanos 5:19)

Quando estou nele, eu me torno justo, pois ele é justo.

> *"Mas aquele que se une ao Senhor é um espírito com ele."* (1 Coríntios 6:17)

Eu sou um com ele. Se sou um com ele, eu tenho a natureza dele em mim, mesmo que as minhas atitudes ainda não estejam transformadas, eu sou justo.

Antes de conhecermos ao Senhor, nós não tínhamos a sua natureza em nós, ou seja, não éramos justificados, mas ao reconhecermos seu sacrifício, tomamos posse dessa justiça.

> *"Portanto, se alguém está em Cristo, é nova criação. As coisas antigas já passaram; eis que surgiram coisas novas!"* (2 Coríntios 5:17)

Seria incoerência nos tornarmos novas criaturas com a mesma natureza caída. Antes de eu estar em Jesus, eu tinha a natureza de Adão, mas agora eu estou em Cristo, dentro de Cristo, enxertado em Cristo. Quando Deus olha para mim, ele vê a justiça de Cristo em mim, pois estou vestido dele. Não é por aquilo que eu faço, mas por aquilo que Jesus fez. A vida cristã não tem a ver comigo, mas é tudo sobre ele: porque dele, por meio dele e para ele são todas as coisas.

Em João 15, lemos que ele é a videira e nós somos os ramos. Quando Deus olha para a videira, ele não vê somente os ramos, mas vê a videira como um todo. A videira é também os ramos, e os ramos também são a videira.

Por isso, podemos afirmar com certeza: eu sou justo!

Somos filhas e filhos amados

Já aprendemos que somos justos por estarmos em Cristo, agora precisamos entender outro princípio precioso: a nossa filiação.

> *"E o Espírito Santo desceu sobre ele em forma corpórea, como pomba. Então veio do céu uma voz: 'Tu és o meu filho amado; em ti me agrado'."* (Lucas 3:22)

Quem é o filho amado? Jesus. Mas, se eu estou nele, quem também se torna filho amado em quem Deus se agrada? Eu e você. Precisamos ter isso muito claro em nossa vida, pois achamos que agradamos a Deus por aquilo que fazemos. Entenda de uma vez por todas: o único que conseguiu agradar a Deus completamente foi Jesus, que foi o Cordeiro de Deus para tirar o pecado do mundo.

Quando, porém, eu estou nele e me torno um com ele, eu passo agradar a Deus também. Ele me ama de uma forma única. Ele não está irado comigo. Jesus já tomou o cálice da ira na cruz em meu lugar.

E quando eu peco, Deus não fica irado comigo? Quando eu erro, Deus não se afasta de mim? Vou lhe fazer uma outra pergunta: imagine que você tenha um filho ou uma filha, e ele ou ela comete um erro, qual é o sentimento que você tem? Com certeza você não deixaria seu filho de lado, pois é seu filho. Claro que você disciplinaria, assim como Deus faz com seus filhos. Mas a disciplina de Deus não é como as pessoas pensam — colocando doenças, trazendo tragédias, fazendo bater o carro etc.

Pare e leia Hebreus 12 para entender um pouco melhor acerca desse assunto. Pense comigo, você colocaria uma doença em seu filho? Claro que não! Então por que pensamos que Deus faria isso? Vou deixar a Palavra dele responder:

> “*Se vocês, apesar de serem maus, sabem dar boas coisas aos seus filhos, quanto mais o Pai de vocês, que está nos céus, dará coisas boas aos que lhe pedirem!". (Mateus 7:11)*

E como somos filhos, Deus nos cerca de cuidados. Ele pensa coisas boas ao nosso respeito.

> *'Porque sou eu que conheço os planos que tenho para vocês', diz o Senhor, 'planos de fazê-los prosperar e não de causar dano, planos de dar a vocês esperança e um futuro'."(Jeremias 29:11)*

Quando olho para meus filhos, só planejo coisas boas para eles. Só penso coisas boas a respeito deles. E, como já lemos, se eu que sou mau penso isso, imagine nosso Pai celestial. Ele pensa de mim coisas muito maiores e melhores.

> *Haverá mãe que possa esquecer seu bebê que ainda mama e não ter compaixão do filho que gerou? Embora ela possa esquecê-lo, eu não me esquecerei de você!" (Isaías 49:15)*

O amor de mãe é incomparável e único. Deus diz que mesmo que uma mãe se esqueça do seu filho, ele nunca se esquecerá de mim e de você. O mundo coloca o amor de mãe como algo incomparável, mas deixe-me falar algo: Deus ama você muito mais do que a sua mãe ama você. A bíblia diz que, além de sermos filhos, somos filhos por adoção.

> *Pois vocês não receberam um espírito que os escravize para novamente temerem, mas receberam o Espírito que os torna filhos por adoção, por meio do qual clamamos: 'Aba, Pai'." (Romanos 8:15)*

Agora você pode pensar: filho por adoção não tem o mesmo valor que um filho natural, então não sou tão valorizado assim por Deus.

Quando eu era criança, uma forma de ofender nossos irmãos era falar que eles eram adotados. Se você tem irmão ou irmã, tenho certeza que já rolou essa brincadeira: "ah! Sai daqui, você foi adotado. A mãe encontrou você na rua e adotou você". Eu sou o mais novo de três filhos, então meus irmãos brincavam assim comigo.

Quando o Apóstolo Paulo escreveu isso para os romanos, ele sabia muito bem o que estava dizendo, por isso precisamos entender o contexto em que Paulo escreveu.

Segundo a tradição Romana, um filho, ao nascer, especificamente no nono dia após o nascimento, era colocado no chão diante do pai. Se o pai aceitasse aquele filho, ele deveria pegá-lo no colo como sinal de aceitação, mas caso ele olhasse para a criança e percebesse que ela tinha algum problema, ou simplesmente sentisse que ela não daria orgulho à família, ele a rejeitaria e não a pegaria no colo.

No entanto, quando um filho era adotado ele já era escolhido por aquele pai. Esse pai olharia para aquela criança e a escolheria para si, pois ele teria se dirigido a uma casa de adoção por sua própria vontade. Depois de adotada, aquela criança nunca mais poderia ser rejeitada ou deixada pelo pai. Era como se o pai a tivesse "pegado no colo", aceitando-a.

Então um filho adotivo tinha um valor imenso. Ele jamais poderia ser desamparado, pois a lei da época proibia a rejeição de filhos adotados, sobretudo porque eles haviam sido racionalmente escolhidos pelos pais. Sabe qual foi o momento em que Deus nos adotou?

> *Por volta das três horas da tarde, Jesus bradou em alta voz: 'Eloí, Eloí, lamá Sabactâni?', que significa 'Meu Deus! Meu Deus! Por que me abandonaste?'." (Mateus 27:46)*

Foi exatamente aqui que Deus rejeitou o seu Filho, pois ele carregava toda a prostituição, raiva, cólera, violência e todo o pecado da humanidade. Ele estava imperfeito, como se fosse trazer "vergonha" à família. Jesus foi feito maldito na cruz para que eu e você fôssemos escolhidos, adotados e amados pelo Pai. Na cruz, ele foi rejeitado para que nós fôssemos aceitos.

> *Deus tornou pecado por nós aquele que não tinha pecado, para que nele nos tornássemos justiça de Deus." (2 Coríntios 5:21)*

Uau! Que poderoso! Valemos mais que um filho natural. Declare isso: eu sou um filho amado!

Creio que depois disso você já tenha entendido que quando Deus olha para você ele vê Cristo, por isso você pode fazer essa obra debaixo do querer e do jeito dele.

Você é um "Jesus em treinamento", mas o importante é que você está no caminho para ser 100% como ele. Então a primeira parte do propósito geral é essa, e, na verdade, é a mais importante. Esqueça a segunda parte se você não tiver essa primeira, pois você só pode gerar aquilo que você já é.

2º — Gerar discípulos

Discípulo nada mais é do que aquele que é como seu mestre, é aquele que é a imagem dele, que segue seus passos, e só pode gerar discípulo quem é como o mestre. Ufa! Ainda bem que algumas páginas atrás você já aprendeu quem é em Cristo, então podemos prosseguir.

> *"Portanto, vão e façam discípulos de todas as nações, batizando-os em nome do Pai e do Filho e do Espírito Santo, ensinando-os a obedecer a tudo o que eu ordenei a vocês. E eu estarei sempre com vocês, até o fim dos tempos." (Mateus 28:19-20)*

Esse momento aqui é conhecido como a Grande Comissão e faz parte do propósito geral da Igreja. Não importa o propósito específico (logo falaremos sobre ele), tudo gira em torno de sermos como Jesus e fazermos discípulos segundo a imagem de Deus.

Jesus nos mostrou isso: chamou doze homens e caminhou diretamente com eles 24 horas por dia, 7 dias por semana, para gerar neles a realidade do Reino e tirar do coração deles as coisas terrenas, tudo isso a fim de, assim como Jesus, amarem as coisas eternas e gerarem esse amor no coração de outros.

Se estamos aqui hoje é porque esses homens entenderam essa realidade. Os Doze e o apóstolo Paulo "vestiram a camisa" do propósito de Deus e entregaram suas vidas em prol de fazer discípulos.

Essa deve ser a nossa "gana", o nosso desejo dia após dia — conquistar pessoas e ensiná-las as verdades eternas.

Quando me converti, passei por um período que chamamos de consolidação, onde um irmão é designado para cuidar de você e lhe ensinar os "primeiros passos", que são as bases da vida cristã. Na verdade, fui privilegiado, pois passei por dois momentos de consolidação. Tive que fazê-los duas vezes, pois o primeiro não foi muito eficaz, mas o segundo foi o que mais me marcou, já que foi feito com o Pr. Celso Defavari (que é meu pastor até hoje). Naquela experiência fui forjado, encorajado e desafiado a ser um discípulo de Jesus e a cumprir esse chamado da Grande Comissão.

Lembro que nessa época eu estava desempregado e me reunia com o meu pastor todas as tardes para, juntos, compartilharmos das verdades do Evangelho. Que tempo precioso e inesquecível. Mas algo dentro de mim ansiava a prática disso.

Comecei a trabalhar em uma empresa de telemarketing, e Deus começou a gerar em mim o desejo por fazer discípulos naquele tempo. Eu havia entendido esse propósito e comecei a pregar para as pessoas ali. Foi um tempo de muitos frutos para a glória de Deus. E também foi um tempo de perseguição por meio dos chefes da empresa, que não queriam que eu e outros dois amigos falássemos de Jesus.

Lembro-me de um dia em que um dos chefes, aquele temido por todos e conhecido como o que mandava todo mundo embora, chamou-me para conversar e começou o seu discurso dizendo que admirava o meu trabalho. Depois desse momento inflando meu ego, ele começou a me dizer que não era legal ficar falando de Jesus para as pessoas, pois ali era local de trabalho. Ele observava que eu colocava o fundo de tela do meu computador com mensagens bíblicas, que eu ia para o trabalho com camisetas com dizeres de Deus e que falava de Jesus para todo mundo. Meu chefe disse que eu deveria parar com aquilo. Lembro como se fosse hoje. No momento, veio-me à mente o texto de Atos 5:27-29:

> "*Tendo levado os apóstolos, apresentaram-nos ao Sinédrio para serem interrogados pelo sumo sacerdote, que lhes disse: 'Demos ordens expressas a vocês para que não ensinassem neste nome. Todavia, vocês encheram Jerusalém com sua doutrina e nos querem tornar culpados do sangue desse homem'. Pedro e os outros apóstolos responderam: 'É preciso obedecer antes a Deus do que aos homens'.*"

Nesse momento, Deus me relembrou do texto. Enchi-me de ousadia, com o peito estufado pelo fôlego de vida do Espírito, e disse (respeitosamente, claro):

— Olha, eu não entendo. As pessoas aqui falam de sexo, drogas, elas vêm vestidas com todos os tipos de roupa, colocam o fundo de tela de "n" coisas, e vocês não falam nada sobre isso. Isso é interessante, pois eu faço meu trabalho, sim. E falo de Jesus, sim. Nada do que vocês disserem vai calar a minha boca. E quer saber de uma coisa? Você também precisa de Jesus em sua vida.

Após ter dito isso, ele virou para mim e disse:

— Nossa, José Henrique, eu admiro muito em você a sua convicção e determinação naquilo que você acredita.

A conversa acabou ali. Saí me sentindo Pedro. Cheguei próximo aos meus amigos e falei: "Cara, que incrível. Estou me sentindo como os apóstolos". Contei tudo a eles, e aquilo foi só mais um incentivo para que eu pregasse mais ainda, não somente eu, mas esses meus amigos também.

Logo depois disso, fui desafiado pelo meu pastor a ir para um treinamento missionário da Cruzada Estudantil para Cristo em Nova Odessa. Naquele tempo, eu era convertido há apenas dois anos. O alvo era ficar um mês naquele treinamento. Lá fui eu, novo na fé, com o desejo de aprender mais sobre ganhar e cuidar de pessoas. Ao longo do treinamento, fazíamos evangelismo nas praças, montávamos toda uma estrutura com telão e caixa de som para passarmos o filme "Jesus". Depois de passarmos o filme, fazíamos o contato com as pessoas. Essa era uma forma, mas também usávamos outros métodos. Foi um tempo precioso, pois esse desejo só aumentava no meu coração.

Este é o alvo do Senhor para nós: gerar discípulos.

3º — Sermos jardineiros

> *O Senhor Deus colocou o homem no jardim do Éden para cuidar dele e cultivá-lo."*
> *(Gênesis 2:15)*

Quando Deus criou o homem, essa também foi a tarefa dada a ele por Deus e que passou a ser nossa também: cultivar e guardar. Antes de entendermos o que é ser um jardineiro, precisamos saber a diferença entre o jardineiro e o agricultor.

Agricultor é aquele que trabalha e investe em sua plantação visando somente àquilo que ele irá ganhar com o que está plantando. A plantação é única e exclusivamente fonte de lucro.

O jardineiro, por sua vez, visa ao prazer de ver o crescimento do seu jardim, pois ele cuida de cada flor de forma única, coloca o adubo correto para cada planta específica, poda e rega de forma individual cada uma delas, respeitando o tempo de crescimento, fazendo isso sempre sob o desfrute da beleza do seu jardim.

Ser jardineiro, para nós, fala de investirmos na vida de cada pessoa ao nosso redor, seja no trabalho, faculdade, família, nas ruas, não importa. Somos jardineiros do Senhor e estamos aqui para cultivar e guardar.

> “*Eu plantei, Apolo regou, mas Deus é quem fez crescer.”(1 Coríntios 3:6)*

O crescimento sempre vem do Senhor, mas ele conta comigo e com você para sermos esses que plantam e regam.

É interessante lermos João 20, a passagem em que Maria Madalena vai ao sepulcro do Senhor Jesus e o encontra, mas não o reconhece. A bíblia diz que ela o confunde com o jardineiro. Jesus é o maior jardineiro que já existiu, sempre cuidando, ensinando, cultivando e guardando a vida de cada um que caminhou com ele naquela época e caminha com ele hoje.

Jesus Cristo nunca visou ao lucro nem nem ao bem estar próprio, pois ele não é um agricultor. Ele é o jardineiro, que se alegra com as cores, com o perfume e com o crescimento do seu jardim, que é a igreja. É por isso que estamos aqui também.

Jesus disse em Mateus 28:19-20:

> “Portanto, vão e façam discípulos de todas as nações, batizando-os em nome do Pai e do Filho e do Espírito Santo, ensinando-os a obedecer a tudo o que eu ordenei a vocês. E eu estarei sempre com vocês, até o fim dos tempos”.

Temos que, além de ganhar, cuidar de cada um dos nossos iguais. Esse é o propósito de todos nós expresso de uma forma clara por Jesus, o nosso “jardineiro”. Não importa onde você está ou o que você faz, o seu alvo e o meu é, e sempre foi, *gerar discípulos.*

Para isso, há os chamados “cinco ministérios” de Efésios 4. Citarei os versos 11 e 12:

> “E ele designou alguns para apóstolos, outros para profetas, outros para evangelistas, e outros para pastores e mestres, com o fim de preparar os santos para a obra do ministério, para que o corpo de Cristo seja edificado”.

Isto é ser um jardineiro: instruir, ensinar e aperfeiçoar.

Encerro essa parte do propósito geral com uma frase do grande homem de Deus que tenho como o maior referencial da nossa geração, com certeza um homem que tinha a imagem de Cristo em si, que gerou mais de 200 milhões de discípulos para o Senhor, Billy Graham:

> “A salvação é de graça, mas o discipulado custa tudo o que temos”.

Jesus nos mostrou isso ao se entregar por nós.

O propósito específico

Agora chegamos a um ponto muito importante, pois é aqui onde você cumprirá o propósito geral.

O propósito específico fala daquilo que você (e somente você) cumprirá. É aquilo que você nasceu para ser, e tudo o que é necessário para cumprir tal tarefa já está dentro de você. Você foi forjado por Deus para isso.

> "*A palavra do Senhor veio a mim, dizendo: 'Antes de formá-lo no ventre eu o escolhi; antes de você nascer, eu o separei e o designei profeta às nações'."* (Jeremias 1:4-5)

Ao ler esse texto, podemos concluir que o propósito veio antes do agente que cumpriria o propósito, ou seja, Deus, em sua soberania, fez o propósito do profeta, e, para cumprir esse propósito, ele fez nascer Jeremias.

Na sua vida não é diferente. Deus quer fazer algo nesta terra. Ele tem o propósito já determinado, e, após determinar esse propósito, ele criou você para o cumprimento desse propósito. Entendeu?

> "*Os teus olhos viram o meu embrião; todos os dias determinados para mim foram escritos no teu livro antes de qualquer deles existir."* (Salmos 139:16)

Aplausos para o nosso Deus! Que maravilhoso sabermos disso. Todos os nossos dias já foram escritos em um livro, tudo está determinado mesmo antes de você nascer. Conseguiu compreender que Deus planejou a sua vida para *algo*?

Porém que algo é esse? É isso o que você precisa descobrir urgentemente para o seu propósito específico.

Jeremias descobriu, o apóstolo Paulo descobriu[6] e você também precisa saber, pois você pode estar fazendo algo para Deus para o qual você não foi chamado, mesmo que o fim disso seja gerar discípulos.

Não é porque você está gerando discípulos a partir de alguma atividade que isso signifique ser aquele o seu propósito específico. Lembre-se do que já dissemos: nem todos têm o mesmo propósito. O fim é o mesmo, mas os caminhos para o fim são diversos. O fim é o propósito geral, o propósito específico são caminhos diversos que levam até o fim. Abra o **QR CODE** para um vídeo sobre o propósito humano. Assista, depois volte para o texto.

Vamos imaginar uma caneta e uma tesoura. A caneta foi criada para escrever, então dentro dela existe todo um potencial para isso: a tinta correta, o acabamento necessário para que os dedos se encaixem perfeitamente em seu tubo plástico e seja confortável ao escrever.

Quando seu criador a criou, pensou em tudo isso, em uma caneta perfeita com o propósito único e exclusivo de escrever. Todo o planejamento para seu propósito veio antes da produção ou da nascimento da caneta.

Por outro lado, também há a tesoura. Ela foi feita para cortar as coisas, é afiada da forma perfeita, os buracos para o encaixe dos dedos são calculados, o corte por meio dela é feito com perfeição. Tudo foi criado para este fim: cortar.

Em um belo dia, a caneta resolve se tornar uma tesoura. Ela fala consigo mesma: "eu não quero ser caneta, cansei de

6 Atos 9:15.

riscar e riscar. A partir de hoje, eu decido. Sou uma tesoura". E a partir daquele momento, ela começa a tentar cortar as coisas. De certa forma, ela até consegue. Primeiro, ela fura o papel com sua ponta, com um certo esforço ela se contorce um pouco e consegue rasgar o papel. A caneta fica feliz por um momento, mas depois de um tempo ela começa a perceber como a tesoura faz melhor aquele trabalho e pensa: "nossa, como essa tesoura corta perfeitamente. Eu não sou boa assim, eu não sou afiada dessa forma, nunca vou conseguir fazer um bom trabalho". E mesmo que ela tentasse e tentasse, infelizmente ela se tornaria uma caneta frustrada, pois não foi criada para cortar, e sim para escrever.

O que essa analogia tem a ver com o propósito específico? Tudo!

Você foi chamado para fazer algo específico. Não queira ser uma "tesoura" quando Deus o chamou para ser uma "caneta". Infelizmente, se você quiser fazer algo que Deus não o chamou para fazer, você até conseguirá, mas será alguém frustrado, como se estivesse fazendo aquilo sem satisfação e contentamento.

Lembro-me do dia em que Deus me chamou para o propósito específico, foi no ano de 2007. Eu estava em um tempo de jejum e oração, que denominamos em nossa igreja como um período de quarenta horas. É um final de semana que separamos a cada início de semestre para, como igreja, buscarmos o Senhor. É um tempo precioso. Essas quarenta horas foram realizadas pela primeira vez em 2007.

Lembro como se fosse hoje. O pastor Celso estava ministrando a respeito do Getsêmani, falando sobre a prensa de azeite, mostrando aquilo pelo que Jesus passou e que o Getsêmani era algo que Jesus tinha como rotina em sua vida, pois sempre estava ali orando, era um costume. No momento do apelo da palavra, lembro-me de que eu estava no chão chorando copiosamente. Sabe aquela espécie de choro onde você até perde as suas forças? Foi exatamente assim. De repente, tive uma visão. Geralmente não tenho esse tipo de experiência. Aconteceu somente duas vezes, e uma delas foi nesse período de jejum.

Nessa visão, eu via Jesus pendurado na cruz, e ele me dizia: "você às vezes não será compreendido, assim como eu não fui, mas você poderá dizer: está consumado! Você completará aquilo para que o chamei".

Ele não me disse "você será pastor". Isso na verdade nunca havia passado pela minha mente, mas depois dessa experiência, uma convicção tomou conta da minha vida, e eu sabia que tinha este chamado: ser pastor.

A partir daquele dia, o rumo da minha vida começou a mudar, indo totalmente em direção ao pastorado, mas não porque eu fui me direcionando, as circunstâncias foram me levando, e uma firme convicção daquilo para o qual eu fui chamado queimava dentro de mim. Eu sabia: nasci para isso!

Não existe um outro lugar onde você terá alegria completa se não for dentro daquilo para que o Senhor te chamou. Sabe quando estamos apaixonados e nada nos segura, quando tudo que vivemos é em prol daquilo e nosso assunto gira em torno daquilo? É assim que você se sente quando está no centro da vontade de Deus para a sua vida. É assim que você se sente quando encontra o seu propósito específico.

E como eu descubro esse meu propósito específico? Veremos isso no capítulo seis.

Não se esqueça: o propósito específico é aquilo para o qual você foi escolhido a fim de cumprir o propósito geral.

capítulo 4

Há lugar para todo mundo! A multiforme graça

Quando Jesus falou nos evangelhos "venha teu reino",[7] a palavra "reino" no original é *basileia*, que quer dizer "poder real", "realeza", "domínio" e "governo". Então o alvo de Deus é o domínio e governo em nossa sociedade. Sabemos que o mundo "está sob o poder do maligno",[8] mas sabemos também que o alvo do Senhor para nós é que venhamos a reinar em vida por meio de Cristo Jesus,[9] desfazendo todas as obras malignas. Sabe o que isso quer dizer? Que onde quer que você esteja atuando, seja no trabalho, faculdade, escola, família, igreja etc., é você quem deve governar. O reino é dele, e nós somos agentes desse Reino. Claro que não iremos estabelecer o Reino como um governo cristão mundial, quem fará isso será o próprio Senhor Jesus. Nós somos aqueles que levarão as realidades do Reino pela pregação do evangelho e pela demonstração do poder de Deus.

A graça é multiforme

1 Pedro 4:10 diz:

> "*Cada um exerça o dom que recebeu para servir os outros, administrando fielmente a graça de Deus em suas múltiplas formas*".

Observamos nesse texto que o apóstolo Pedro mostra claramente que cada um recebeu um dom e que devemos ser despenseiros da graça. Na versão bíblica da Nova Versão Transformadora está escrito: "fazendo bom uso da múltipla e variada graça divina".

7 Mateus 6:10.
8 1 João 5:19.
9 Romanos 5:17.

O bom uso do dom serve para apresentar a múltipla e variada graça (multiforme) de Deus. Isso nos mostra que a graça de Deus tem várias formas — a forma de médico, pastor, engenheiro, aluno, professor, cozinheiro, atleta, político etc.

E quem ganhará o político? O professor? O universitário? Não é o pastor, mas é você, aquele que entendeu seu propósito, você que foi chamado para exercer a sua função no corpo de Cristo onde quer que esteja, pois você faz parte do corpo.

No corpo há vários membros, e nesse corpo precisamos, sim, de pastores, de pessoas com encargo para plantar uma igreja. Contudo, precisamos também de pessoas que entenderam que poderão cumprir seu propósito existencial, não importa onde estejam, pois esses também estarão lá fora trazendo pessoas para estarem envolvidas na igreja.

A multiforme graça está onde Paulo disse:

> “*Embora eu seja um homem livre, fiz-me escravo de todos para levar muitos a Cristo. Quando estive com os judeus, vivi como os judeus para levá-los a Cristo. Quando estive com os que seguem a lei judaica, vivi debaixo dessa lei. Embora não esteja sujeito à lei, agi desse modo para levar a Cristo aqueles que estão debaixo da lei. Quando estou com os que não seguem a lei judaica, também vivo de modo independente da lei para levá-los a Cristo. Não ignoro, porém, a lei de Deus, pois obedeço à lei de Cristo. Quando estou com os fracos, também me torno fraco, pois quero levar os fracos a Cristo. Sim, tento encontrar algum ponto em comum com todos, fazendo*

todo o possível para salvar alguns. Faço tudo isso para espalhar as boas-novas e participar de suas bênçãos.". (1 Coríntios 9:19-23)

É fato que estamos falando aqui apenas de um homem, um indivíduo, que se fez de tudo para com todos, conseguiu se moldar às situações, então perceba o princípio da multiforme graça nesse texto.

Pense comigo: o *hall* de amizade de um médico, engenheiro, estudante, jogador de futebol é de pessoas que se identificam e têm o "ponto em comum" indicado por Paulo. Agora, imagine ter pessoas nesses ofícios cheias do Espírito e que decidiram levar as realidades do Reino de Deus a partir desse ponto em comum? Meu irmão, minha irmã! Será um "estrago" no inferno.

De uns tempos para cá, tenho conversado com alguns irmãos que, de certa forma, sentem-se frustrados com relação ao seu chamado, e isso é devido a algumas ênfases em nosso meio. Qual tem sido uma dessas ênfases? Que a pessoa chamada por Deus é aquela que deve "rasgar" o seu diploma, abrir mão de tudo e se dedicar exclusivamente em tempo integral à obra de Deus. Eu já preguei muito sobre isso, e não está errado. Creio verdadeiramente que Deus está chamando muitos para rasgarem seus diplomas e viverem do ministério em tempo integral. Mas, durante algum tempo, alguns pensaram que o valor de se viver para Deus era somente se rasgássemos nossos diplomas, e hoje sabemos que não é assim.

Falo dessa maneira, pois já aconselhei durante muito tempo pessoas frustradas nesse sentido. Elas olham para si e falam: "eu não tenho chamado para ser pastor, plantar igrejas e estar em tempo integral no ministério, então, como vou fazer a vontade de Deus? Existe um chamado para mim?".

Muitos falam que se sentem diminuídos ao conversarem com irmãos que têm o chamado em tempo integral na obra de Deus, pois eles olham para si e pensam: "mas eu não tenho esse chamado". E quantas outras pessoas, ao falar a respeito de gerar discípulos e conquistar pessoas, dizem que isso é para quem é pastor.

Creio que esses paradigmas são gerados devido ao nosso investimento e foco em grande escala no ministério eclesiástico, então acabamos nos esquecendo de que há outros lugares que precisamos conquistar.

Claro que ser pastor, como eu sou, é sensacional! É um chamado sublime estar envolvido diretamente com o rebanho precioso de Deus. Não tem preço que pague, é demais. Mas vamos imaginar como seria se todos os cristãos fossem chamados para servir no ministério em tempo integral. Não tem lógica.

Creio piamente que o Senhor está pedindo para muitos que rasgaram os seus diplomas os colarem novamente, pois Deus quer usá-los em áreas específicas. Deus tem falado com muitos para pegarem seus diplomas e também o seu cajado para irem em direção ao campo de batalha. Deus pode nos usar para afetar a sociedade de duas maneiras — ele pode nos levar a:

1) pregar para alguém que esteja envolvido de forma influente na sociedade. O apóstolo Paulo diz em Gálatas 2:2 que, quando subiu a Jerusalém para pregar, ele pregou àqueles que tinham influência, pois, através desses, outros se voltariam para Jesus também;

2) sermos influência em uma área específica, assim como foi com Daniel e José: os dois influenciaram de uma forma poderosa a sua geração, servindo a Deus e manifestando seu Reino.

Creio que a forma mais eficaz de vivermos a vida que Deus tem para nós e manifestar as realidades do seu Reino é a segunda maneira.

Vamos imaginar um professor em sala de aula, seja em uma escola de ensino fundamental, médio ou superior. Pense na influência que tal pessoa teria ao passar horas em um ambiente onde a maioria das pessoas é jovem e está ainda identificando suas prioridades e seu propósito de vida. Imaginou? Um professor tem uma grande influência sobre seus alunos.

A nossa geração de crianças, juvenis, adolescentes e jovens está diariamente sendo influenciada por tantas tolices. Hoje, vemos a ideologia de gênero nas escolas, e infelizmente isso é somente o começo. O sistema deste mundo é do diabo, e ele tem agido com "os dois pés no peito".

Nós da Igreja Videira temos a Escola Por Princípios. Esse tipo de ensino é baseado nos princípios bíblicos. Isso é sensacional! Temos a liberdade de ensinar às nossas crianças com base nos princípios da Palavra. Temos a liberdade de começar uma aula com oração, por exemplo.

A minha preocupação, no entanto, também é com as escolas que não são guiadas por princípios bíblicos (elas são a maioria). Um exemplo? As faculdades. Muitas começaram com princípios corretos em Deus, mas no meio do caminho pararam, desfocaram, perderam o rumo, o propósito para o qual foram criadas.

Precisamos de pessoas com chamado para serem professoras, para fazerem das salas de aula o seu púlpito de pregação, onde poderão influenciar milhares de crianças e jovens diariamente. Professores ousados e cheios do Espírito Santo que, quando abrem suas bocas, o céu desce sobre a aula. Professores que marcarão a vida dos alunos não somente por serem excelentes educadores, mas principalmente por mudarem o destino eterno de cada um de seus alunos.

Precisamos de diretores que lutem pelos ideais da família, pelos princípios cristãos, pois sabemos que esses princípios são a verdade.

Você se lembra no começo do livro, quando falei do time de futebol americano Eagles? Eles entenderam o motivo real de serem missionários vestidos de jogadores de futebol americano. Eles sabiam que seu campo de futebol era, na verdade, os campos maduros de João 4, já prontos para serem colhidos. Deus colocou habilidades sobre cada um daqueles atletas para que, por meio do futebol, eles pudessem alcançar pessoas que um pastor, um engenheiro, uma dona de casa dificilmente alcançariam.

A manifestação dos filhos

A criação aguarda pela manifestação dos filhos de Deus, diz Romanos 8:19, e essa manifestação não está somente no evangelismo de rua, mas na rotina de cada escritório, câmara municipal, prefeitura, escola, empresa, hospital, lugares que estão clamando pela manifestação dos filhos que entenderam que estão onde estão porque foram chamados para aquilo. Eles entenderam que estão naquela profissão não para ganhar dinheiro, mas o alvo principal é fazer discípulos do Senhor e cumprir aquilo para o qual foram chamados, e como consequência terão o seu salário.

Esses filhos sabem que estão na escolas e faculdades não para simplesmente obter um diploma, mas o objetivo é estar ali para pregar as boas novas àqueles que estão cativos, e como consequência por serem alunos exemplares terão o seu diploma.

Você é um missionário enviado pelo Espírito Santo para estar naquela faculdade "fantasiado" de estudante. Quando entendermos essa realidade, alcançaremos o máximo de pessoas possível.

Essa geração está clamando para que empresários, políticos, professores, médicos, pastores, surfistas, fotógrafos, jogadores de vôlei, lutadores de MMA se manifestem com as verdades do Reino.

Não existe mais secular para quem está no Reino

Um erro que nós cristãos cometemos, como já falei anteriormente, é a negligência ministerial devido à ênfase muito forte somente no ministério eclesiástico e o "desfoque" no ministério sacerdotal de cada membro do corpo. Precisamos acabar com esse erro como Igreja do Senhor, pois estamos desmotivando muitos a exercerem sua função.

E por que para nós cristãos não cabe mais o vocábulo "secular"? Veja a frase do grande homem de Deus conhecido como príncipe dos pregadores, Charles Spurgeon:

> " *Para um homem que vive para Deus nada é secular, tudo é sagrado".*

Quando temos o entendimento de que tudo o que vivemos tem a ver com o Reino de Deus, pois carregamos a vida de Deus dentro de nós, tudo o que fazemos é para a glória dele.

> “*Assim, quer vocês comam, quer bebam, quer façam qualquer outra coisa, façam tudo para a glória de Deus.*” (1 Coríntios 10:31)

Para nós, tudo tem relação com o Reino do nosso pai. Não há como separarmos de nós aquilo que é do Reino e aquilo que é do “mundo secular”.

Usos de expressões com “secularismo” adentraram no linguajar do meio cristão e trouxeram consequências. Vou dar um exemplo de como as pessoas pensam (e como eu pensei durante muito tempo também): “eu ainda não estou no ministério, estou trabalhando na vida secular”; “quando eu estiver no ministério, eu vou agir assim”; “não podemos misturar a vida secular com religião. Trabalho e igreja são coisas distintas, faculdade e igreja não se misturam, pois na faculdade estou só para estudar, e no meu trabalho somente para trabalhar”.

Você percebe como essas linhas são sutis? Falamos isso sem pensar. Hoje, somos um ser celestial, incumbidos de manifestar o Reino de Deus não importa onde estejamos. Por favor, não ouse mais falar que você não tem um ministério, já que ainda está na vida secular. Nem sempre o seu chamado será ser pastor em tempo integral. Creio que muitos em nossas igrejas serão mestres, apóstolos, evangelistas e profetas em outros lugares onde o pastor não chegará.

O papel do pastor é municiar, ensinar, cuidar e impulsionar você a viver aquilo que o Senhor tem para a sua vida.

Costumamos dizer que nós, pastores, somos um "trampolim espiritual", que está aqui para lançar você o mais alto possível em seu propósito de vida.

É muito bom ser pastor, então observar cada membro avançar e viver aquilo para o qual foi criado. Chega de pensar em ministério somente como parte do chamado daqueles que são pastores e de pessoas chamadas para trabalharem em tempo integral em uma igreja local ou como missionárias.

Gostaria de abrir um parênteses aqui. Não estou dizendo que você não deva se envolver com a sua igreja local, pelo contrário, seja um líder de célula, anfitrião, anjo da guarda, discipulador. Cumpra o seu ministério edificando a igreja onde o Senhor colocou você. O que estou dizendo é que você precisa saber o seu propósito existencial. Envolver-se na sua igreja local faz parte do seu chamado geral, sim.

Deus pode ter lhe chamado para exercer o seu chamado em uma empresa, mas você insiste em ser um médico, ou Deus está lhe chamando para ser pastor, e você insiste em ser administrador. Seja sensível à voz de Deus para viver aquilo para o qual ele chamou você, e deixe a multiforme graça usar a sua vida de uma forma extraordinária.

Para mim, o propósito foi ser pastor, e tenho certeza de que é o propósito de muitos outros também. Mas, e agora, você sabe onde Deus quer lhe usar? Se ainda não tem certeza, ou mesmo que tenha, vamos para o próximo capítulo?

capítulo 5

O sacerdócio universal

"Vocês, porém
são geração eleita
sacerdócio rea
nação santa, pov
exclusivo de Deus
para anuncia
as grandeza
daquele qu
os chamou da
trevas para a su
maravilhosa luz."

1 Pedro 2

Você é um sacerdote

Pedro, nesse texto, faz algumas afirmações fantásticas sobre a nossa identidade. A primeira delas é falar que somos uma geração eleita, outras versões nos dizem que somos "raça escolhida" ou "povo escolhido". Isso nos mostra que não foi você que escolheu Deus, mas foi ele quem separou você. Ele decidiu escolher você. Leia João 15:16:

> "*Vocês não me escolheram, mas eu os escolhi para irem e darem fruto, fruto que permaneça, a fim de que o Pai conceda a vocês o que pedirem em meu nome*".

O segundo ponto que Pedro coloca é que somos sacerdotes reais. Ser sacerdote já é algo precioso, mas ser sacerdote real é um nível mais elevado e está em total acordo com o texto de Apocalipse 1:6: "e nos constituiu reino e sacerdotes para servir a seu Deus e Pai". Não vou me prender muito a esse ponto, pois falarei no capítulo todo a respeito do sacerdócio universal.

O sacerdote, no meio do povo de Israel a partir de Êxodo, era representação de Deus aqui na terra. Ele era alguém separado para Deus na tribo de Levi, que foi a tribo escolhida por Deus para ministrar diante dele e para cuidar de todo o ritual e de tudo que tinha relação com o templo. Com certeza era um privilégio ter o chamado do sacerdócio. Não eram todos que poderiam ser sacerdotes. Se você não nascesse na tribo de Levi, sem chance para você.

Esses sacerdotes faziam os sacrifícios diários, eram eles que carregavam a arca da aliança. A presença de Deus estava nessa arca, e somente os sacerdotes poderiam carregá-la, mais ninguém poderia. Eles trabalhavam no templo, no átrio e no lugar santo, mas no santíssimo lugar apenas o sumo sacerdote entrava para oferecer o sacrifício por ele e por toda a nação uma vez ao ano.

Hoje a Palavra do Senhor nos mostra claramente que Jesus é o nosso sumo sacerdote.[10] Ele ofereceu de uma vez por todas o sacrifício e nos constituiu reino e sacerdotes, ou seja, agora não é somente a tribo de Levi que exerce o sacerdócio, os descendentes dela não são os únicos que podem entrar na presença de Deus e carregar a presença de Deus.

Eu e você, na verdade, somos superiores a eles nesse sentido, pois eles carregavam uma caixa feita de ouro que continha a presença de Deus, mas hoje, na Nova Aliança, nós carregamos a presença dele, pois nós somos o templo. Deus habita dentro de nós hoje. Você é casa de Deus, você é sacerdote dele, você é sacerdote da realeza, pois você é filho ou filha do Rei, e Jesus é Rei dos reis e não Rei dos filhos.

Leia em voz alta e declare esta verdade: "EU SOU SACERDOTE REAL".

A terceira afirmação de Pedro é que somos nação santa. Ser nação fala sobre sermos parte de um povo. No caso de Deus, a sua nação é o seu Reino, a sua família. Ser santo é ser separado, não ser misturado, ser diferente. Então, somos do Reino separado, do Reino diferente. Essa afirmação nos mostra que não podemos ser iguais ao mundo, que devemos brilhar, mostrar que não somos daqui.

A quarta afirmação é sobre a propriedade exclusiva de Deus. Propriedade fala sobre pertencer. Você precisa entender que você não é dono de si próprio, pois fomos comprados.

10 Hebreus 8.

> *“Pois vocês sabem que o resgate para salvá-los do estilo de vida vazio que herdaram de seus antepassados não foi pago com simples ouro ou prata, que perdem seu valor, mas com o sangue precioso de Cristo, o Cordeiro de Deus, sem pecado nem mancha.”*
> *(1 Pedro 1:18-19 – NVT)*

> *“Vocês não sabem que seu corpo é o templo do Espírito Santo, que habita em vocês e lhes foi dado por Deus? Vocês não pertencem a si mesmos, pois foram comprados por alto preço. Portanto, honrem a Deus com seu corpo.”*
> *(1 Coríntios 6:19-20 – NVT)*

Quando temos a revelação dessa verdade, não vivemos a vida para nós mesmos nem fazemos aquilo que “dá na telha”, mas vivemos nossa vida baseada no propósito que Deus estabeleceu para nós. Se somos dele, vamos fazer aquilo que ele deseja que façamos, e ponto final. Não devemos mais viver achando que estamos aqui para uma curtição. Estamos aqui para um propósito, e a quinta e última afirmação de Pedro nos mostra esse propósito.

Proclamar as virtudes daquele que nos chamou das trevas para a sua maravilhosa luz é a resposta do porquê você é chamado geração eleita, sacerdócio real, nação santa e povo de propriedade exclusiva. Quando você entende tudo isso, não tem como ficar calado, você vai gritar para os quatro cantos da terra quem é Jesus e o que ele fez.

Esse texto é precioso demais, não é mesmo? Mas agora quero focar no sacerdócio universal, vamos lá?

O sacerdócio universal

Durante muito tempo na história do cristianismo, somente uma classe de pessoas poderia ter contato com Deus, e, de certa forma, essas pessoas achavam que eram superiores por se achegarem à presença de Deus. Essa classe era o clérigo, que era composta pelos "maiorais", os quais tinham acesso a tudo que diz respeito a Deus. Eles eram os que estudavam a bíblia, que oravam etc. Enquanto isso, os leigos eram os subordinados, os que simplesmente ouviam e se submetiam àquilo que os padres católicos e sacerdotes da época falavam, mas sem poder questionar em nenhum momento. Ainda por cima, muitas das missas, o equivalente ao culto na tradição católica, eram celebradas em latim, ou seja, ninguém entendia nada.

Era uma época onde muitos servos sérios, tementes e fiéis a Deus eram duramente perseguidos por esses homens do clérigo, que se consideravam os "donos da razão". Tudo isso simplesmente impedia o sacerdócio universal do cristão, como Pedro indica. Essa situação não refletia uma nação santa colocada por Deus na terra para ser sal e luz neste mundo sombrio, mas a contenda causava derramamento de sangue, prisões, castigos, torturas e massacres. Isso sequer se parece com alguma descrição do que é um sacerdócio real?

Foi aí que Deus levantou Martinho Lutero, que, por meio da reforma protestante, traduziu a bíblia para o alemão (a bíblia era originalmente lida em latim) e colocou a bíblia traduzida na mão de cada cidadão. As escolas tinham a bíblia como método de ensino, músicas eram tocadas em vários lugares com letras que continham a Palavra de Deus como base. Foi um mover que mudou a história.

É fato que a reforma trazida por Lutero é muito maior do que somente a tradução da Bíblia — ela traz a justificação pela fé como tema central.[11] Lutero, no dia 31 de outubro de 1517, pregou na porta do Castelo de Wittenberg as 95 teses, que tinham como alvo o tema das indulgências (o perdão concedido pela autoridade eclesiástica para absolvição de pecados). Lutero lutou para mostrar que a justificação não ocorre pelo nosso esforço ou pela autoridade de um líder eclesiástico, mas por aquilo que Jesus fez por nós na cruz. A salvação vem pela fé e é de graça, ninguém precisa pagar nada, pois Jesus já pagou o preço, e agora todos podem ter acesso à sua presença.

O mais importante de tudo isso é sabermos que, a partir desse momento tão importante para nós, o sacerdócio universal, que era algo tão real na igreja primitiva e tão escasso na época da Inquisição, pôde novamente vir à tona. E assim, todos, sem exceção, do menor ao maior, do pobre ao rico, sem nenhum tipo de barreira social e econômica, poderiam ser usados pelo Senhor de uma forma única e extraordinária, pois teriam acesso à Palavra em suas mãos.

O pensamento de muitos até hoje é que somente o pastor tem o poder de ser usado, que somente alguém muito sensacional pode impor as mãos sobre um enfermo para que seja curado. Tantas vezes já tive de ouvir que um irmão ligou para o pastor ir expulsar um demônio, pois ele não era capaz de fazer aquilo. Espera aí! O mesmo Espírito que estava sobre Jesus, que está sobre o pastor, está sobre a sua vida.

Vou abrir um parêntese aqui. É fato que temos o entendimento de que há níveis de autoridade designados por Deus

11 Romanos 5.

dentro da igreja. O pastor, o obreiro e os demais líderes, esses possuem o propósito de nos instruir, municiar e serem uma placa de direção para vontade do Senhor em nossas vidas. Jamais devemos ser aqueles que olham para nossos pastores ou líderes e dizem: "você não fala em minha vida, pois na minha vida só Deus fala". Isso é princípio de rebeldia e não tem nada a ver com o sacerdócio, pois todo sacerdote faz parte de uma equipe, e uma equipe se submete um ao outro em amor. Agora, vamos fechar o parêntese.

Já faz um tempo que vi um pastor em rede nacional falando para a sua congregação o seguinte: "aqui você não precisa orar, jejuar e nem ler a bíblia, deixa que isso nós fazemos por você". Que absurdo! Onde já se viu? Isso é totalmente contrário àquilo que a Palavra de Deus nos ensina em 1 Pedro 2:9. Nós somos os sacerdotes reais, e sobre todos nós o Senhor liberou dons,[12] ou seja, liberou a capacitação para que, onde quer que você esteja, seja usado de uma forma poderosa e única.

Por isso podemos fazer obras maiores do que as do Senhor. Você não precisa ter "doutorado em Deus" (o que é impossível, mas alguns por aí dizem que têm), não precisa ter dez anos de conversão, a única coisa que você precisa é entender que, a partir do momento em que você creu em Jesus e tomou posse da sua salvação da cruz, todo o poder foi liberado sobre você. Queridos, é somente crer, mais nada! Olha o que diz Marcos 16:17-18:

12 1 Pedro 4:10; 1 Coríntios 12:7-11.

> *Estes sinais acompanharão os que crerem: em meu nome expulsarão demônios; falarão novas línguas; pegarão em serpentes; e, se beberem algum veneno mortal, não lhes fará mal nenhum; imporão as mãos sobre os doentes, e estes ficarão curados".*

Você consegue enxergar que você é um sacerdote? Que você e eu carregamos essa vida de Deus em nós? Que o Reino de Deus será estabelecido por meio da minha vida e da sua onde quer que Deus tenha nos colocado?

O sacerdote é aquele que representa Deus diante dos homens e representa os homens diante de Deus, esse é o nosso papel como sacerdotes. Olha o que diz em 2 Coríntios 5:18-20:

> *Tudo isso provém de Deus, que nos reconciliou consigo mesmo por meio de Cristo e nos deu o ministério da reconciliação, ou seja, que Deus em Cristo estava reconciliando consigo o mundo, não levando em conta os pecados dos homens, e nos confiou a mensagem da reconciliação. Portanto, somos embaixadores de Cristo, como se Deus estivesse fazendo o seu apelo por nosso intermédio. Por amor a Cristo suplicamos: Reconciliem-se com Deus".*

O sacerdote tem o papel de embaixador, representando o Reino celestial aqui na terra e também reconciliando os homens com Deus ao levar a palavra da reconciliação, ou seja, as boas novas do Evangelho de Jesus Cristo.

Para você entender essa questão do embaixador, vou lhe explicar de uma forma clara. Você já viu como funciona a embaixada dos Estados Unidos no Brasil? A área onde a embaixada está localizada é território estadunidense. Lá funcionam as leis estadunidenses, o embaixador é alguém nascido nos Estados Unidos e tem todos os costumes norte-americanos — o jeito de se expressar, de pensar, de viver é totalmente do país dele. Quando você o vê na rua, logo sabe que é um estrangeiro. O papel da embaixada também é autorizar o visto de entrada e expedir passaportes caso um brasileiro queira entrar em seu país. Muitas pessoas desejam entrar nos Estados Unidos pois o veem como um país desenvolvido e superior em muitos aspectos, como em qualidade de vida ou segurança.

A embaixada do céu na terra é a Igreja. Aqui, as "leis" são as "leis" celestiais, o embaixador somos eu e você, que vivemos com os costumes celestiais. A nossa forma de agir e pensar é de lá, pois somos nascidos de lá,[13] e todos os nossos costumes são celestiais. Como embaixadores, lutamos por aquilo que cremos segundo o padrão celestial. Jesus disse isso na oração do Pai Nosso: "seja feita a tua vontade, assim na terra como no céu". Como os nossos costumes são do céu e cremos fielmente que são os melhores, quando vemos alguém doente ou passando por situações difíceis, precisamos manifestar a realidade da nossa pátria celestial, é aí onde a realidade do Reino é manifestada.

Caso alguém queira se achegar ao Reino, pois percebeu que a vida celestial é muito superior a que tem aqui, é necessário tirar o "passaporte celestial", e é na embaixada celestial,

13 Colossenses 3:1-4.

na Igreja, que a pessoa consegue o "visto e o passaporte" para a vida eterna, então entra em cena o ministério da reconciliação, que foi deixado para mim e para você.

Você, como um sacerdote-embaixador, é a pessoa que vai mostrar quais são os "documentos necessários" e as "leis" para que a pessoa esteja apta a entrar no Reino celestial. Sabemos que todas essas "leis e documentos" nada mais são que a mensagem das boas novas sendo pregada, e a pessoa, crendo nela, se reconcilia com o Senhor. Isso é ser um sacerdote, representar a sua nação celestial e levar as pessoas à reconciliação com o Senhor.

É só enxergarmos o que Jesus, o nosso Sumo Sacerdote, nos ensinou aqui na terra. Ele veio representando a cultura do céu em nosso meio, tudo o que ele fez foi em prol dessa realidade. E assim, ele foi alastrando a mensagem das boas novas, reconciliando os homens com Deus por onde ele passava, fazendo discípulos, curando, libertando, salvando e por aí vai.

Jesus disse, enquanto estava aqui na terra, que ele e o Pai estavam trabalhando. Antes de subir aos céus, ele nos disse que deveríamos ir e fazer discípulos. Hoje, ele está no céu com o Pai trabalhando, e nós, como igreja, estamos aqui com o Espírito Santo trabalhando também, continuando a obra que o Senhor Jesus iniciou. Se a Trindade está 100% envolvida nesse trabalho, por que eu e você não estaríamos?

Jesus não veio para nos dar uma função de sacerdotes, mas para fazer do sacerdócio um estilo de vida de todos os seus filhos. Não é somente gritarmos uma mensagem, a nossa vida será essa mensagem. O estilo de vida do sacerdote, que é levar os homens a se reconciliarem com Deus e representar a cultura do céu onde estiver, não é somente para o pastor ou obreiro, é para você, empresária ou empresário, estudante, dona ou dono de casa; é para você, filho ou filha de Deus.

Agora, bata no peito e leia em voz alta:

"EU SOU UM SACERDOTE!".

capítulo 6

E agora, como descobrir meu chamado?

Creio que muitas coisas têm passado em seu coração até aqui, e uma delas é: como descobrir o meu chamado? Como ter a certeza de que algo realmente é o meu propósito? Precisamos entender que não existe uma receita de bolo para isso. "Os 7 passos para descobrir o seu chamado", "3 tipos de jejum para que seu chamado apareça", isso não existe! Deus age de várias maneiras.

Mostrarei aqui algumas formas de descoberta de chamado que já vi acontecerem. Lembre-se apenas de que não são as únicas formas.

Como você pode identificar o seu chamado?

A bíblia

Ué? A bíblia mostra o meu chamado? Veja bem, não podemos achar que abrir a bíblia e dizer "Deus, a página que eu abrir vai revelar meu chamado" é a maneira correta.

A bíblia é o primeiro passo para ajudá-lo a guiar seu chamado. Ao longo dos livros bíblicos, observamos diversos homens e mulheres de fé com diferentes propósitos específicos. Já vimos alguns deles ao longo do livro, como Paulo e Abraão.

A Palavra aproxima você de Deus, e o ajuda a entender o que Deus quer de seu povo (propósito geral) e o que deseja de cada filho pertencente à sua família (propósito específico). Ler a bíblia pode ajudá-lo a clarear seu propósito e o encher de coragem para seguir ao longo de sua busca com a confiança de que Deus está ao seu lado, assim como esteve com aqueles outros homens e mulheres.

A Palavra de Deus é revelação de quem Deus é, não se esqueça disso. Pessoa alguma pode te aconselhar melhor sobre como um cristão deve agir dentro do seu propósito do que a Bíblia Sagrada. Falarei mais sobre a importância da palavra no capítulo 8.

Um sonho

O propósito de Deus será como um sonho, algo dentro de você que pulsa, mesmo que logo de cara você não consiga explicar o que seja aquilo. Vai ser algo que deixará você inquieto. Quando você pensar naquilo, uma alegria tomará o seu coração. Mesmo que não consiga explicar por que ou como, não significa que esse propósito já não esteja envolvendo você.

Vejamos o caso de José. Ele tinha um sonho muito estranho, que não conseguia explicar direito. E aqueles sonhos permaneciam em sua sua mente dia e noite, até que um dia eles se cumpriram.

Por meio daquilo que Deus já deu a você

Como assim *aquilo que ele já me deu*?

Em Mateus 25:15, a Palavra nos mostra que Deus deu talentos a todos os homens, cada um conforme à sua capacidade, ou seja, todos, sem exceção alguma, têm talentos.

Quando somos chamados por Deus, ele usa aquilo que fermenta dentro da gente, pois todas as ferramentas necessárias para o cumprimento do nosso chamado já estão em nós. Lembra do exemplo da caneta e da tesoura que dei alguns capítulos atrás? Todas as qualificações necessárias para o cumprimento do seu chamado já estão bem aí dentro de você.

Pense assim: no que eu tenho mais facilidade?

A sua facilidade pode envolver administrar, pintar, falar em público, praticar um esporte, escrever etc. Pode ser que você tenha uma grande inclinação para a medicina, tocar algum instrumento ou diversas outras opções.

Às vezes vemos pessoas que não têm facilidade alguma em uma área querendo se aventurar naquilo. É a caneta querendo ser tesoura. É aquela pessoa que não canta nada querendo se envolver com música.

Onde você flui com liberdade? Preste atenção nisso, pois pode ser um grande sinal de Deus para você. Creio que a parábola dos talentos não seja sobre talento musical, por exemplo, ou talento para fazer bolha de sabão, mas sim sobre o seu propósito e os dons de Deus dados a você para que sejam aplicados e multiplicados.

Atente-se para coisas que já estão dentro de você, pois Deus sempre o molda conforme ao seu chamado. Lembra-se de Jeremias? Primeiro Deus fez o propósito, depois criou o agente conforme o propósito.

Uma convicção

Convicção nos fala de uma certeza que nem o tempo pode mudar. Ela nos envolve de tal maneira que sempre nos atrairá para o alvo, que é cumprir aquele propósito específico. A convicção não vem porque você a recebeu de alguém ou porque você foi influenciado por outra pessoa, mas porque é algo que nasceu primeiro em Deus e foi transmitido para o seu coração. É aquela coisa que grita dentro de você: "eu nasci para isso!".

O contrário de convicção é dúvida, é não ter certeza, é pensar: "será mesmo que nasci para isso?". Falta de convicção fala também de empolgação da alma, de pensamentos transitórios — hoje eu quero, amanhã não quero mais. Podemos até usar a frase popular "fogo de palha", ou seja, queima muito e acaba rápido demais. A empolgação acaba rapidamente, enquanto a convicção toma toda a sua vida, e você pensa nela a todo tempo.

Em suma, Deus pode falar com você de diversas formas: por meio de uma palavra ministrada em um culto, de um livro, de uma visão, das circunstâncias pelas quais você passa, por meio de profecias etc. Não é somente a partir dessas situações apresentadas acima. Não há limites de criatividade para Deus. Ele revelou o propósito específico de Moisés em meio a uma sarça que queimava e não se consumia. O propósito específico de José foi revelado por meio de um sonho. Com Paulo, uma luz brilhou e o deixou cego.

Então, esteja atento à voz do Espírito em seu coração. Caso tenha dúvidas, procure seu líder ou pastor, alguém mais maduro para instruir você, que tenha a sabedoria para guiá-lo nessa trilha de descoberta do seu propósito. Tome cuidado ao buscar esse tipo de ajuda com pessoas que não são cristãs. Por mais bem intencionadas que sejam, não possuem o Espírito dentro de si para guiá-las ao propósito geral, que é universal para os cristãos. Lembre-se de que na multidão de conselhos há sabedoria.[14]

Saiba de algo, você não foi escolhido por Deus para ficar de braços cruzados. Ele tem algo para você. Não importa se é para estar em tempo integral na obra dele ou se é para se

14 Provérbios 11:14.

envolver com alguma outra profissão, o que Jesus diz sobre negar a nós mesmos, tomar a nossa cruz e segui-lo serve para todos nós, pois a cruz fala de propósito, chamado, razão existencial. A cruz fala sobre dar a nossa vida em prol de um propósito, por isso todos precisam tomar cada um a sua cruz.

A experiência das quarenta horas de jejum e oração foi o "start" daquilo que Deus queria para minha vida e ministério. Era algo que queimava dentro de mim todos os dias. Tantas vezes me peguei pensando somente em estar em tempo integral na obra de Cristo, pois sabia que Deus não me queria em outro lugar. É claro que as dúvidas surgiam em meu coração: "será que é isso mesmo?". Contudo, as circunstâncias foram me levando a essa realidade em que vivo hoje. Quando percebi, estava à frente dos jovens em minha igreja e me envolvendo com outros líderes de jovens de outras igrejas. E com isso o chamado queimava mais.

Houve momentos em que eu olhava para o meu trabalho e não suportava mais estar ali. Tudo o que eu estava fazendo não tinha mais sentido. Mas eu sabia que não era o momento certo de largar tudo, ainda tinha que caminhar mais e estar debaixo da direção do Espírito Santo e do meu pai espiritual — alguém com muito mais experiência no ministério e em conhecimento de vida também. Fui crescendo em Deus, comecei o Seminário Presencial na primeira turma em 2010, um tempo precioso em que pude ter ainda mais clareza acerca daquilo que Deus queria para mim. E por meio das circunstâncias e daquele momento das quarenta horas, tive a certeza do que Deus tinha para mim — de que um dia eu seria pastor.

capítulo 7

Eu não sou bom o bastante

Não sei se você já percebeu, mas muitos produtos que compramos possuem o selo do Inmetro. Essa instituição tem como um de seus objetivos selar a qualidade de um produto para ver se ele está apto a ser colocado no mercado, por isso ela submete certo produto a vários tipos de testes. Se ele for aprovado, pode ser comercializado, senão precisa passar por uma série de aprimoramentos até que esteja apto para exercer a função para a qual foi criado.

Na verdade, este é o padrão que o mundo coloca para que algo exerça a sua função: precisa estar em perfeito estado a fim de ser usado. Ainda bem que no Reino de Deus as coisas não funcionam assim, senão nem existiria Reino de Deus, pois quem está apto? Olha o que a Bíblia diz sobre isso:

> “*Irmãos, pensem no que vocês eram quando foram chamados. Poucos eram sábios segundo os padrões humanos; poucos eram poderosos; poucos eram de nobre nascimento. Mas Deus escolheu o que para o mundo é loucura para envergonhar os sábios e escolheu o que para o mundo é fraqueza para envergonhar o que é forte. Ele escolheu o que para o mundo é insignificante, desprezado e o que nada é, para reduzir a nada o que é, a fim de que ninguém se vanglorie diante dele*”. (1 Coríntios 1:26-29)

Existe uma frase no meio cristão verdadeiramente honesta: “Deus não escolhe os capacitados, mas capacita os escolhidos”. Quando Deus escolhe uma pessoa, ele não está olhando para as suas capacitações naturais, seu MBA, seu diploma. Ele está de olho em seu coração e entrega.

Pois os olhos
o Senhor
stão atentos
obre toda
terra para
ortalecer
queles que
ne dedicam
otalmente o
oração."

Crônicas 16:9

Deus sempre é aquele que está disposto a quebrar as regras naturais que o mundo coloca como primordiais para que a força, o poder, a graça e o amor dele sejam manifestos, para que as pessoas possam glorificá-lo ao olharem para ele, e não ao homem.

Então, saiba de uma coisa: Deus precisa de você exatamente desse jeito — com suas histórias de vida, com suas experiências, marcas, feridas, debilidades, imaturidades, pois ele fará bom uso de tudo isso para o cumprimento do seu propósito existencial.

É interessante vermos como o apóstolo Paulo se refere às limitações dele, e com certeza ele as tinha, mas elas não o impediam de cumprir o propósito existencial. Veja o que ele mesmo disse em 2 Coríntios 12:8-10:

> “*Em três ocasiões, supliquei ao Senhor que o removesse, mas ele disse: 'Minha graça é tudo de que você precisa. Meu poder opera melhor na fraqueza'. Portanto, agora fico feliz de me orgulhar de minhas fraquezas, para que o poder de Deus opere por meu intermédio. Por isso aceito com prazer fraquezas e insultos, privações, perseguições e aflições que sofro por Cristo. Pois, quando sou fraco, então é que sou forte*”. (NVT)

Quando Deus chamou Paulo, ele era um perseguidor de cristãos e com certeza devia ter muitas outras debilidades, assim como qualquer outro ser humano. Mas ele entendia que não era por causa dele, e sim porque “Cristo em vocês é, esperança da glória...”.[15] É isto que devemos entender de

15 Colossenses 1:27.

uma vez por todas: quando tenho Cristo em mim, eu tenho tudo o que é necessário, mesmo que tenha debilidades, pois Cristo é maior do que qualquer falha.

Quando olhamos os homens e as mulheres de Deus na Palavra, achamos que são pessoas extraordinárias, que nasceram totalmente prontas para fazer o que fizeram e fazem, mas isso é uma mentira diabólica. Ninguém nasce pronto, ninguém é grande o bastante.

Deus usa quem ele quiser, quando ele quiser e como ele quiser

No livro *Homem do Céu,*[16] o irmão Yun diz algo fascinante, que é pura realidade: "não são os grandes homens que transformam o mundo, mas sim os fracos, nas mãos de um grande Deus".

Deus chamou homens e mulheres comuns como Davi, Moisés, Abraão, Maria, Ester, Raabe, os discípulos e tantos outros, e os usou mesmo com suas debilidades e fraquezas.

Moisés, ao longo do livro de Êxodo, fala constantemente sobre sua falta de capacidade para falar diante do povo: "quem sou eu para apresentar-me ao faraó e tirar os israelitas do Egito?", e "disse, porém, Moisés ao Senhor: 'Ó Senhor! Nunca tive facilidade para falar, nem no passado nem agora que falaste a teu servo. Não consigo falar bem!'".[17]

Moisés olhou para si e enxergou suas fraquezas e debilidades. Não adianta, todas as vezes que você olhar para si,

16 Irmão Yun com Paul Hattaway. *Homem do céu.* Editora Betânia. Curitiba, 2005.
17 Êxodo 3:11; Êxodo 4:10.

esqueça, encontrará muitas coisas que o diminuirá, mas é fato que a bíblia nos incita em vários momentos a olharmos somente para Deus. E preste atenção na resposta de Deus para Moisés em Êxodo 4:11-12:

> "*Quem deu boca ao homem? Quem o fez surdo ou mudo? Quem lhe concede vista ou o torna cego? Não sou eu, o Senhor? Agora, pois, vá; eu estarei com você, ensinando-lhe o que dizer"*".

Em outras palavras, Deus está dizendo a Moisés: "eu te criei, eu coloquei dentro de você toda a capacidade necessária para que você possa cumprir seu propósito existencial. E não se preocupe, eu estarei com você e colocarei todas as palavras na sua boca". Interessante, parece que já vi isso no Novo testamento referente ao meu chamado e ao seu. Não importa para onde ele chame você, a capacitação vem de Deus para todos nós.

> "*Portanto, vão e façam discípulos de todas as nações, batizando-os em nome do Pai e do Filho e do Espírito Santo, ensinando-os a obedecer a tudo o que eu ordenei a vocês. E eu estarei sempre com vocês, até o fim dos tempos." (Mateus 28:18-19)*

Uau! Isso é tão poderoso! Temos toda a capacitação e a segurança dele em nós para que possamos fazer aquilo para o qual fomos chamados. Por isso, lembre-se do que lemos lá no segundo capítulo: tudo é sobre ele. Nós somos cooperadores. Ele opera em nós e por meio de nós.

“*Pois Deus está agindo em vocês, dando-lhes o desejo e o poder de realizarem aquilo que é do agrado dele.*” (*Filipenses 2:13 – NVT*)

Entendeu? O selo do Inmetro em você é a vida de Cristo e a pessoa do Espírito Santo. Você é somente o agente, ou seja, não serão as minhas e as suas qualificações que serão válidas, mas as de Deus. Por isso, devemos parar de olhar para nós, pois o desejo e o poder para realizar qualquer coisa vêm de Deus. É fato que seu chamado será sempre maior do que você, pois, se você fosse capaz de cumpri-lo, onde estaria a glória de Deus nisso? E a glória tem que ser exclusivamente dele.

Você já ouviu falar de Raabe na bíblia? Você pode nem se lembrar dela, mas Raabe com certeza era alguém com marcas terríveis e foi totalmente deixada de lado, muitos nem sequer olhariam para ela naquela época em que viveu, pois ela possuía um estilo de vida nada respeitado: ela era prostituta.

A bíblia fala sobre Raabe oito vezes, em cinco delas como “a prostituta Raabe”. É difícil imaginar que uma prostituta que nem fazia parte do povo de Israel e morava na cidade inimiga, Jericó, viria a se tornar membro do povo de Deus e faria parte da genealogia do nosso Senhor Jesus. Em outras palavras, a mulher se tornou parente do Messias. Isso mesmo, parente de Jesus.

Em Josué, no capítulo 2, é contada a história dela. Raabe ajudou os espias de Israel, de modo que os inimigos não os pegassem enquanto se escondiam ao espiarem Jericó. E com essa atitude, Raabe foi guardada pelo Senhor. O mais belo de tudo isso é que Deus usou alguém totalmente desqualificada, em quem ninguém colocava fé para nada, para fazer parte do maior mover da história da humanidade, que era a vinda do Messias. Se você ler a genealogia em Mateus 1, verá que Raabe é bisavó do rei Davi. Realmente, os planos de Deus não são em nada parecidos com a lógica humana, pois essa lógica jamais traria na genealogia de um Deus uma pessoa com uma má fama dessas.

Na verdade, se você observar a genealogia de Jesus, com certeza irá se surpreender em ver que nosso Senhor tem parentes que naturalmente seriam desqualificados pelo Inmetro do mundo e jamais, jamais mesmo, deveriam ser citados, nem mesmo como "coleguinhas de sala de aula" do Messias.

Nosso Senhor tinha reis, patriarcas, assassinos, adúlteros, prostituta e gente santa em sua árvore genealógica, mas por que será? Para mostrar para mim e para você que ele pode usar a pessoa de "sangue azul", como Abraão ou Salomão, mas pode usar também pessoas comuns, assim como Maria, que era uma jovem simples e sem qualificação ou obra natural alguma. Deus usa até mesmo um cara enganador como Jacó, que passou a perna em seu irmão Esaú e enganou seu pai Isaque para receber a bênção de primogênito. E vamos mais fundo ainda! Pode pegar um adúltero e assassino, que foi o Rei Davi, e colocar nesse bolo genealógico. Hum, que mistura interessante, não é?

Sabe o melhor de tudo isso? É que todos dessa galera tiveram um encontro poderoso com o Rei da Glória e foram transformados, e o selo da qualificação de Deus foi colocado sobre eles, pois não dependeu deles para que fossem alcançados pela graça, tudo dependeu de Deus. Aquelas pessoas só se deixaram serem usadas e não viveram à base de suas fraquezas, mas na força de Deus.

Qual era a fraqueza de Abraão referente ao seu chamado para ser pai de multidões? Sua esposa era estéril. Contudo, como Deus foi glorificado nesta deficiência? Pelo milagre do nascimento de Isaque.

Qual era a fraqueza de Pedro, Tiago e João? Eram iletrados e tinham sido reprovados pelos sacerdotes na fase de serem escolhidos como talmidim. Na Galileia do tempo de Jesus, os meninos de Israel iniciavam seus estudos da Torá aos 6 anos. Aos 10, quando completavam o primeiro estágio, a escola primária chamada Beit Sefer, já tinham a Torá decorada. Apenas os alunos que se destacavam seguiam na escola secundária, Beit Talmud, e mergulhavam no restante das escrituras, na tradição oral dos rabinos e em suas muitas interpretações e aplicações da Torá. Aos 14 e 15 anos, somente os melhores entre os melhores estavam estudando, geralmente aos pés de um rabino famoso e respeitado. Esses pouquíssimos meninos da elite intelectual de Israel eram chamados de *talmidim*, do hebraico: talmid, discípulo.[18]

Pedro, Tiago e João não se encaixaram na realidade judaica da época para meninos. Isso é sabido devido ao fato de trabalharem no ofício dos pais, ou seja, o sentimento que eles tinham sobre si mesmos com certeza não refletia uma autoestima muito elevada. Eles poderiam muito bem se agarrar a essa situação e simplesmente parar a vida deles, pois Jesus os estava chamando para a missão de maior influência e relevância de todos os tempos, e Deus os escolheu e transformou o mundo por meio deles e dos outros nove discípulos.

Agora é a hora de você olhar para Deus. Se ele te escolheu você para ser um médico, não olhe para a sua situação

18 Ed René Kivitz. *Talmidim: O passo a passo de Jesus*. Editora Mundo Cristão. São Paulo, 2012.

familiar, suas fraquezas emocionais ou para aquilo que os outros falam, estude e se capacite para esse propósito, pois ele lhe deu a inteligência necessária para cumprir isso. Independentemente do que ele escolheu para você, simplesmente creia na capacitação que vem dele sobre a sua vida.

Realmente não somos bons o bastante, porém maior é aquele que nos chamou, pois quando estamos fraco, quando não conseguimos, é aí que ele entra em cena e a glória dele resplandece além de nossas capacidades.

Se há alguém que pensou nunca poder estar onde está agora, essa pessoa sou eu. E olha que ainda tenho muita coisa para aprender e não me sinto qualificado para estar onde estou, mas pela graça dele sou o que sou.

Nasci em uma família financeiramente estável, tinha tudo o que uma criança da minha idade poderia ter, mas infelizmente a minha família era desestruturada emocionalmente. O casamento dos meus pais não era lá aquelas coisas, muitas "tretas". Eu e meus dois irmãos vivíamos nesse ambiente de brigas e discussões. Somos descendentes de italianos e espanhóis, ou seja, nem um pouco estressados. Então, por viver em um ambiente assim, cresci com uma personalidade forte e com um temperamento sanguíneo e colérico, em outras palavras, eu era o cara estressado.

Quando eu estava na segunda ou terceira série da escola, minha professora foi até minha mãe e disse: "seu filho será um marginal, não vai dar certo na vida". Que professora bacana essa, hein? Onde já se viu falar isso para uma mãe? Minha mãe ficou arrasada. E dos três filhos, eu me tornei o mais complicado. Minha mãe vivia na diretoria da escola. Eu cheguei a repetir duas vezes a oitava série. Eu chegava na sala de aula, ligava o meu *discman* (um aparelho parecido com o MP3, mas que tocava CD) e não prestava atenção em nada. Cresci dessa maneira, sem querer levar nada a sério, pois eu pensava comigo mesmo que realmente eu não daria certo com nada.

Foi com toda essa minha crise que conheci o Senhor Jesus. Foi com todo esse cenário que para o mundo pode parecer horrível, um menino rebelde com uma família emocionalmente desestruturada, que Deus decidiu me escolher. Fui o último da minha casa a encontrar o Caminho. Primeiro, meu pai (alguém que teve um encontro tão genuíno e foi tão radicalmente transformado que influenciou toda a família), depois, meu irmão, minha mãe, minha irmã e, por último, eu.

Eu sei, antes de qualquer coisa, que todas essas minhas crises foram sendo tratadas no decorrer da caminhada, e hoje estou aqui escrevendo um livro. Você não tem noção do quanto não me sinto preparado para isso, mas se é algo que faz parte do meu propósito, então irei responder corretamente, não olhando para mim, mas para o autor e consumador da minha fé: Jesus.

Deus prepara o caminho para o seu propósito

O que você precisa entender é que você nunca será capaz de fazer por si mesmo aquilo que Deus tem para você, pois se você fosse capaz, para que existiria o Senhor em nossas vidas? Graças a ele estamos de pé, graças a ele podemos fazer essa obra sempre no descanso, sabendo que nada, absolutamente nada, depende de nós, pois aquilo que era necessário ser feito ele já fez na cruz. Tudo o que devemos fazer é crer que ele nos escolheu e irá nos capacitar para o cumprimento do nosso propósito. José entendeu isso...

> *O faraó disse a José: 'Tive um sonho que ninguém consegue interpretar. Mas ouvi falar que você, ao ouvir um sonho, é capaz de interpretá-lo'.Respondeu-lhe José: 'Isso não depende de mim, mas Deus dará ao faraó uma resposta favorável'."* (Gênesis 41:15-16)

Ele sabia que tinha o dom, mas sabia principalmente que Deus o capacitaria para cumprir o pedido de Faraó. Em outras palavras, José estava dizendo que não era ele que iria fazer, mas o Senhor.

A qualificação de Deus é algo extraordinário, pois ela foge totalmente do padrão natural. Deus pega as pessoas mais improváveis e as coloca nos lugares mais altos. Veja a rainha Ester. Na verdade, antes de ser rainha ela era uma órfã criada pelo primo chamado Mardoqueu. E diante de uma seleção entre várias mulheres, Ester foi escolhida pelo rei Xerxes (Ester 2:17). O texto fala o seguinte:

> *O rei gostou mais de Ester do que de qualquer outra mulher; ela foi* ***favorecida*** *por ele e ganhou sua aprovação mais do que qualquer das outras virgens".*

A palavra que me chama a atenção nesse texto é "favorecida", que quer dizer: beneficiada, agraciada, e isso tem tudo a ver com a qualificação de Deus para conosco, pois é o favor, a graça dele que nos sustenta e nos qualifica para o cumprimento do propósito.

Depois desse momento, a rainha Ester descobre por meio de seu primo que existe uma conspiração para destruir o povo de Israel (estou resumindo bem a história para chegar aonde quero). Mardoqueu pede para que ela fale com o rei e interceda a fim de que ele não permita que isso aconteça, porém havia um decreto muito claro naquela época: nenhuma pessoa poderia se achegar diante do rei sem ser chamada, mesmo que fosse a rainha, pois poderia ser morta (Ester 4:11). E Ester disse ao seu primo que não entraria na presença do rei, então Mardoqueu fala algo precioso. Vamos ler:

> “*Não pense que pelo fato de estar no palácio do rei, você será a única entre os judeus que escapará, pois, se você ficar calada nesta hora, socorro e livramento surgirão de outra parte para os judeus, mas você e a família do seu pai morrerão.* ***Quem sabe se não foi para um momento como este que você chegou à posição de rainha?”****. (Ester 4:13-14)*

Vou abrir um parêntese aqui que é de extrema necessidade: Mardoqueu falou algo seríssimo para Ester e que serve para mim e para você: *“se você ficar calada nesta hora, socorro e livramento surgirão de outra parte...”*. Em outras palavras, ele está dizendo para Ester que, se ela não responder ao propósito, Deus levantará outra pessoa. Entenda algo muito importante para sua vida, os propósitos de Deus jamais falham. Se você não responder, Deus vai levantar outro. Se Ester não respondesse, ele levantaria outra pessoa.

Você com certeza, já leu sobre o rei Saul. Ele não respondeu ao propósito, então Deus levantou o rei Davi, pois o propósito precisava ser cumprido. Então, caso você não responda, Deus providenciará outro. Vamos voltar ao propósito de Ester.

O ápice do chamado de Ester era livrar o povo de Deus da destruição. Foi para esse momento que ela foi escolhida como rainha. Mas ainda havia um problema: Ester precisava se apresentar diante do rei para apresentar sua intercessão. Caso ela conseguisse, duas coisas poderiam acontecer: ou o rei a mataria, ou, em sinal de favor e graça, estenderia o cetro para ela, aceitando a aproximação. Vamos ver o que aconteceu?

> “*Três dias depois, Ester vestiu seus trajes de rainha e colocou-se no pátio interno do palácio, em frente do salão do rei. O rei estava no trono, de frente para a entrada. Quando viu a rainha Ester ali no pátio, teve misericórdia dela e estendeu-lhe o cetro de ouro que tinha na mão. Ester aproximou-se e tocou a ponta do cetro. E o rei lhe perguntou: ‘Que há, rainha Ester? Qual é o seu pedido? Mesmo que seja a metade do reino, será dado a você’.”*
> (Ester 5:1-3)

Poderoso demais, não é mesmo? O favor de Deus capacitou a vida de Ester em cada passo com um único objetivo: o cumprimento do propósito geral (salvar o povo) por meio do propósito específico, que, no caso de Ester, era ser rainha.

Você consegue perceber que Deus escolhe pessoas comuns para fazer coisas inimagináveis? Pense comigo. Ester era uma menina que não tinha pai nem mãe, com um futuro incerto, cheia de traumas, questionamentos, inquietações, mas que decidiu olhar para Deus e confiar, mesmo que isso custasse a sua vida.

Deus escolheu você, creia nisso!

Cada um tem o seu talento, não se compare

Na parábola dos talentos, em Mateus 25, a Palavra do Senhor nos mostra que um homem se ausentou do país e separou os talentos para deixar com seus servos. O verso 15 diz: "a um deu cinco talentos, a outro dois, e a outro um; a cada um de acordo com a sua capacidade. Em seguida partiu de viagem".

É importante vermos que o homem deu talentos para todos, ninguém ficou sem. Também é interessante observarmos que o homem deu talentos para cada um conforme a própria capacidade deles, ou seja, ninguém é igual a ninguém, mas todos foram capacitados para cumprir algo. Lembrando que Deus é quem coloca em nós a capacidade. Você se lembra de José, sobre quem falamos há pouco? Ele tinha sido capacitado por Deus para revelar os sonhos, mas era Deus quem revelava, José era somente o instrumento.

Sabe o que pode destruir o seu propósito? Comparação. E como nos comparamos? Ao olhar para a pessoa do seu lado e achar que ela é melhor que você somente por ter mais desenvoltura em determinadas tarefas. Você pode achar que não serve para um propósito porque não tem os atributos, os talentos que aquela outra pessoa recebeu. Seria como comparar o talento musical da Adele ao talento matemático de Einstein — não tem lógica alguma! São duas coisas completamente diferentes e que nem sequer fazem parte da mesma área de atuação. Você vai se frustrar, vai criar ideias que só existem na sua cabeça e isso só vai lhe fazer mal. Com isso, você se destrói, já que nunca se achará "bom" o suficiente para cumprir o que Deus tem para você.

Deus deu a você talentos, o seu papel é multiplicá-los. Ele não está interessado se ele lhe deu cinco, dois ou um talento, ele está interessado em saber se você multiplicou aquilo que ele lhe confiou. Esse talento diz respeito àquilo que ele nos chamou para cumprir nesta terra. O seu talento nunca deve ser enterrado. Você nunca deve se comparar, mas sim investir na sua vida para que ele seja multiplicado, influenciando uma geração de pessoas e multiplicando a realidade do Reino na vida delas.

Durante um tempo em minha vida, eu me comparava demais a outras pessoas. Mesmo já estando envolvido na igreja como líder, eu olhava para alguns que pregavam melhor do que eu e simplesmente ficava muito mal com aquilo, achava que eu nunca seria suficientemente bom para ser um pastor, pois não pregava como aquele irmão. Eu vivia com uma base de cobrança tão terrível sobre mim que parecia um fardo em minhas costas. Até que um dia parei com essa sobrecarga dentro de mim, decidi olhar para o Senhor e entendi que, se ele me escolheu, ele iria me capacitar, afinal ele me deu talentos. E hoje, pela graça de Deus, tenho multiplicado o que ele me confiou.

Não coloque sobre si próprio um fardo que Jesus nunca pediu que você carregasse. Lembre-se sempre de que tudo é dele, por meio dele e para ele. Você não precisa carregar o mundo nas costas, Jesus já fez isso por você. Descanse nele. Mostre ao mundo o amor de Cristo e viva o propósito que ele tem para você como filho de Deus.

Não olhe para você, olhe para Ele!

Muita calma nessa hora! O tempo de Deus é o tempo certo

Algo importantíssimo que precisamos deixar claro para você, pessoa amada e preciosa em Cristo, é que você faz parte de uma geração que é conhecida como a geração "fast-food", ou geração "miojo", ou até como a geração que come peixe cru, pois não tem paciência para esperar o peixe cozinhar (sem ofensa a quem come sushi). De fato, fazemos parte de uma geração que, em sua maioria, não aguenta aguardar os processos de Deus, os quais nos moldam e ajudam no amadurecimento. No capítulo 10 falarei com detalhes sobre esse processo (testes) que nos amadurecem, mas agora quero falar brevemente sobre o que está em Eclesiastes 3:1:

> *Para tudo há uma ocasião certa;*
> ***há um tempo certo para cada propósito debaixo do céu***".

Deus estabeleceu um tempo certo para que você exerça o seu propósito. Se você tem um chamado, e com certeza você tem, há um tempo certo para que ele aconteça e não deve ser feito na afobação, ou como dizem por aí: "não devemos colocar a carroça na frente dos bois".

Se você tem o chamado para ser um engenheiro, você precisa se preparar para isso. Se for para ser um médico, da mesma forma deve se preparar para isso. E durante esse preparo, você já estará servindo a Deus e levando pessoas a ele. Vamos para a bíblia para ficar mais claro para você?

Em 1 Samuel 16, a Palavra do Senhor nos mostra o momento em que Davi foi ungido rei de Israel pelo profeta Samuel. Davi tinha entre 15 e 17 anos de idade quando isso aconteceu. A bíblia nos mostra em 2 Samuel 5:4 que "Davi tinha trinta anos de idade quando começou a reinar e reinou durante quarenta anos".

Digamos que Davi foi ungido rei com 17 anos, isso quer dizer que ele ficou treze anos aguardando para exercer a sua função de rei. Mas o chamado já era real dentro dele, na verdade, Davi já se comportava como um rei antes de assumir o trono, pois ele estava respondendo ao processo. Aguardar o tempo certo é muito importante, não seja alguém afobado. Você sabia que Davi teve oportunidades de assumir o trono antes? Ele poderia ter adiantado a sua entrada no reino. Olha o que a Palavra diz:

"Saul voltou da luta contra os filisteus e disseram-lhe que Davi estava no deserto de En-Gedi. Então Saul tomou três mil de seus melhores soldados de todo o Israel e partiu à procura de Davi e seus homens, perto dos rochedos dos Bodes Selvagens. Ele foi aos currais de ovelhas que ficavam junto ao caminho; havia ali uma caverna, e Saul entrou nela para fazer suas necessidades. Davi e seus soldados estavam bem no fundo da caverna. Eles disseram: "Este é o dia sobre o qual o Senhor falou a você: 'Entregarei nas suas mãos o seu inimigo para que você faça com ele o que quiser'". Então Davi foi com muito cuidado e cortou uma ponta do manto de Saul, sem que este percebesse. Mas Davi sentiu bater-lhe o coração de remorso por ter cortado uma ponta do manto de Saul e então disse a seus soldados: "Que o Senhor me livre de fazer tal coisa a meu senhor, de erguer a mão contra ele, pois é o ungido do Senhor". Com essas palavras Davi repreendeu os

soldados e não permitiu que atacassem Saul. E este saiu da caverna e seguiu seu caminho". (1 Samuel 24:1-7)

Esse era o momento em que Davi poderia ter assumido o trono e começado o seu reinado, mas por ser um homem sábio e entender que tudo é no tempo de Deus, sabia que haveria o tempo exato para exercer seu reinado. O problema é que muitas vezes queremos fazer da nossa forma, aí é que as coisas desandam e não dão certo. Aguardar o tempo de Deus sempre é o melhor.

Você pode ter o chamado para ser um missionário em outro país, mas ainda não ganhou ninguém para Jesus nem na sua rua, não cuidou de ninguém na sua igreja local, nunca somou com seu pastor nos cursos da sua igreja, nunca liderou nada. Mesmo assim, já quer se aventurar no campo missionário achando que lá é um parque de diversão. Calma! Há o tempo do preparo para o propósito. Há um tempo certo! Novamente eu digo a você: NÃO SE AFOBE.

O judeu no meio dos gentios

Sabemos que Paulo foi chamado para plantar igrejas em meio aos gentios (aqueles que não eram judeus) e treinar pessoas. Ele era um verdadeiro missionário e apóstolo, mas houve também o momento certo do seu envio para a missão.

Vemos em Atos 9 o momento maravilhoso do encontro de Paulo com nosso Senhor Jesus. Paulo teve sua vida virada ao avesso e recebeu uma palavra poderosa de Ananias. Depois de um tempo, em Atos 11, vemos que Paulo, juntamente com Barnabé, ficou um ano inteiro ensinando na igreja de

Antioquia, e ali, pela primeira vez, os seguidores de Cristo são chamados de cristãos.

Passado um tempo, em Atos 13, a Palavra nos mostra que, enquanto Paulo e Barnabé estavam servindo a igreja de Antioquia com seus dons de mestre e profeta, receberam uma ordem: "enquanto adoravam ao Senhor e jejuavam, disse o Espírito Santo: 'Separem-me Barnabé e Saulo para a obra a que os tenho chamado'.". Espera aí, mas Paulo já não estava cumprindo o seu chamado? Sim, o geral, mas o específico começaria para valer naquele momento. O chamado específico que ele recebeu está descrito em Atos 9:15 e 26:16-18, vamos ler?

> "*Este homem é meu instrumento escolhido para levar o meu nome perante os gentios e seus reis, e perante o povo de Israel.*"

> "*Eu lhe apareci para constituí-lo servo e testemunha do que você viu a meu respeito e do que lhe mostrarei. Eu o livrarei do seu próprio povo e dos gentios, aos quais eu o envio para abrir-lhes os olhos e convertê-los das trevas para a luz, e do poder de Satanás para Deus, a fim de que recebam o perdão dos pecados e herança entre os que são santificados pela fé em mim'.*"

A partir do capítulo 13 de Atos, Paulo sai para suas viagens missionárias para começar a plantar as igrejas. Corinto, Filipos, Éfeso, Roma, Galácia, Colosso, Tessalônica, isso tudo até chegar em mim e em você, pois Paulo é o apóstolo dos gentios. E aqueles que não são judeus, como eu, e talvez como você, até hoje são chamados gentios.

Você consegue compreender a importância do tempo do chamado? Paulo não veio em um molde pronto para realizar o seu chamado, ele foi treinado, aprendeu, ensinou, cuidou, amou, avançou, conquistou e foi enviado. Davi, por exemplo, cuidou das ovelhas, tocou harpa, ficou à frente do exército, avançou no reino de Saul, serviu o rei Saul. Todas as pessoas de fé passaram pelo tempo de preparação até serem chamadas para seu propósito específico. É como uma criança — nasce com todo o potencial para andar, as pernas estão ali, mas ela precisa *aprender* a andar, e isso leva *tempo*.

Pastor, mas como faço para descobrir o tempo? É aí que entram as autoridades espirituais em sua vida — seus líderes. Eles são peças fundamentais para o seu desenvolvimento, pois eles caminharam mais e têm sabedoria. Você se lembra, no capítulo 3, de quando falei com meu pastor sobre ingressar no seminário? Sobre eu ter percebido que era meu tempo e ele concordar? Se ele houvesse discordado, eu com certeza não teria entrado, pois o pastor Celso tem mais de trinta anos de ministério, então eu paro para ouvi-lo também. Deus tem a Palavra, e ele coloca pessoas para nos instruir. Quando falo pessoas, não são seus amiguinhos, são seus líderes, pessoas que falam a realidade das coisas para você, pessoas que não passam a mão na sua cabeça e que mostram a verdade em amor, pois amigos muitas vezes não mostram a realidade.

Um detalhe importante na situação de Paulo está em Atos 13:2: "separem-me". O que isso quer dizer? Que não foi Paulo que enviou a si mesmo, mas foi uma equipe conduzida pelo Espírito Santo que o enviou. O problema de muitos em nosso meio é que eles mesmo querem se enviar sem o respaldo de ninguém. Entenda, quando o seu chamado realmente tem a ver com a Igreja, o Espírito fala com a Igreja, como está no verso 2 também: "disse o ESPÍRITO: Separem-me Barnabé e Saulo". Não seja daqueles que dizem que Deus falou com você e simplesmente enviam a si mesmos. Infelizmente, esses que fazem isso não entenderam o tempo de Deus e estão sozinhos na jornada, mas aqueles que são chamados por Deus sempre terão Samuéis para ungi-los e uma equipe para enviá-los.

Hoje, no ano de 2020, estou liderando os jovens em Ourinhos, mas alguns anos atrás, fui enviado de Mauá para Diadema, ambos municípios em São Paulo. Em Mauá foi onde conheci Jesus e dei os primeiros passos da fé. Nessa cidade, recebi o chamado para ser pastor, e foi ali que comecei o seminário. Logo em seguida, fui enviado para dar início à obra em Diadema. Detalhe: fui *enviado* pela equipe. Eu tinha respaldo, não estava sozinho, não fiz a loucura de enviar a mim mesmo, pois faço parte de um corpo. Chegando em Diadema, fui forjado, enfrentei grandes desafios, aprendi a formar uma equipe do zero, ganhar, treinar, ganhar, treinar, ganhar, treinar. Esse tempo foi precioso demais. Amadureci anos luz em relação à quando saí de Mauá. Aprendi a falar com as pessoas, a tratá-las com zelo e amor, a ser mais humilde. Muita coisa foi forjada em meu caráter naquele tempo.

Depois de alguns anos em Diadema, já com a igreja estabelecida, equipe formada, mais de 120 irmãos, entre jovens e adultos, e mais de 130 crianças, todos envolvidos em célula, o pastor Celso, meu pai na fé, foi enviado para a cidade de Ourinhos. Imagine só! Foram treze anos caminhando juntos, de repente ele vai embora. Confesso que fiquei muito triste, mas o que aprendi com ele é que acima de tudo está o propósito. Uma frase que minha esposa sempre diz é: "acima da saudade, está o propósito". Sabíamos que Deus estava à frente daquilo. Naquele momento, fui colocado para caminhar com o pastor Ricardo Bertoldi, alguém que admiro muito também, e caminhei um ano com ele. Naquele tempo, ele conseguiu marcar a minha vida de uma forma extraordinária. Devo tanto a ele quanto à sua esposa. Estou citando tudo isso a você, leitor, para que entenda o valor da equipe no tempo do propósito.

Eu me lembro de um dia em que o pastor Celso me ligou dizendo que precisava conversar comigo. Já imaginei o que seria. Ele veio me fazer o convite para caminhar com ele em Ourinhos após estar lá há dois anos.

Na hora deu aquele frio na barriga, então pedi um tempo para orar e pedir conselhos àqueles que eram a minha equipe no momento. Conversei com outros pastores companheiros meus no ministério, com meu pastor na época, pastor Ricardo Bertoldi, e orei. Todos do ministério foram unânimes para que eu viesse para Ourinhos. Quando eu falava com minha esposa e orávamos, também sentíamos paz na decisão. Tudo estava alinhado e encaixado, o tempo e o modo, e aqui estou eu já há quase quatro anos em Ourinhos.

Ao entender o tempo do propósito, não saí desesperado, eu sabia da seriedade daquela obra e da minha vida, e não poderia errar nesse sentido, já que essa era minha única oportunidade de vida. Mas e se você errar? Vai perder tempo. Por isso que Provérbios diz que na multidão de conselhos há sabedoria. Quer uma dica? Pare de ser cabeça dura e vá ouvir pessoas maduras, pare de olhar para o seu próprio umbigo, ouça quem já caminhou mais que você e possui frutos de sabedoria.

Eu lembro de uma vez em 2007 quando eu estava com um desejo muito grande no meu coração de estar em tempo integral na obra. Eu sabia do meu chamado, mas naquela época ainda não tinha discernido o tempo, trabalhava em uma empresa onde o horário de trabalho era uma loucura e de certa forma atrapalhava um pouco a vida da igreja. Então surgiu uma oportunidade para trabalhar em outra empresa com um horário melhor. Aos meus olhos, era a oportunidade de ouro, pois me daria tempo para estar mais envolvido na obra.

Tomei a decisão sem orar e sem pedir orientação para as minhas autoridades, e sabe o que aconteceu? Consegui entrar na empresa, mas fiquei lá duas semanas. Saí de uma empresa após quase dois anos de experiência para outra na qual eu não tinha certeza de nada, somente por um impulso, por achar que ajudaria no meu propósito. Por não discernir o tempo, quebrei a cara. Depois disso, fiquei mais de um ano desempregado, e vi claramente aquilo como uma disciplina de amor pela parte de Deus, para me fazer enxergar que não posso tomar decisões tão sérias sem ouvi-lo e sem ouvir a igreja. Colhi frutos amargos com minha imaturidade naquela época, simplesmente por não discernir o tempo.

Seja sábio e tenha sabedoria no tempo.

Acabo aqui com uma frase: "a coisa certa no tempo errado se torna a coisa errada".

capítulo 8

Sustento? Não de pão, mas de uma palavra

Quando pensamos em propósito existencial, muitos questionamentos podem surgir em nossa mente, seja o seu propósito em tempo integral no ministério ou em qualquer outra área. Como vai ser? Será que terei tudo de que preciso? Será que algo vai me faltar? Geralmente e infelizmente tendemos a inclinar nossos pensamentos para a questão financeira. O sustento natural é a nossa maior preocupação, já que temos aluguel, prestação da casa, alimentação, faculdade, escola e muitas outras coisas para pagar.

Deixe-me lhe falar algo: isso é importante, mas não é o principal. Falo por experiência própria e por ver experiências de outros. O texto que vem ao meu coração neste momento é: "Jesus respondeu: (...) 'Nem só de pão viverá o homem, mas de toda palavra que procede da boca de Deus'" (Mateus 4:4).

O seu propósito existencial não deve estar baseado naquilo que você possui ou poderá possuir, pois essas coisas são abaláveis, hoje você as possui, e amanhã poderá não possuir mais. Então o que deve sustentar o seu propósito? A Palavra de Deus. De suprimento natural eu falarei depois, agora quero falar de suprimento existencial.

Precisamos ter clareza de que todos os homens e mulheres de Deus receberam uma palavra da parte de Deus que os sustentou. E o que significa receber uma palavra de Deus? Receber uma palavra de Deus significa que ele falou e está selando o seu chamado. Você não está realizando um ofício porque teve a ideia de realizá-lo, mas o Senhor deu a palavra a você, o direcionamento sobre o qual você vai sustentar o seu propósito.

Vemos nas Escrituras homens que seguiram ao Senhor baseados em uma palavra vinda de Deus. Eles não desembestaram por aí a realizar grandes feitos de uma hora para outra por vontade própria, mas foram guiados por uma direção que veio do alto. Sempre que há uma direção vinda de Deus, há certeza do cumprimento daquela ordem, e também há certeza de que o Senhor está nos conduzindo. Nunca deveríamos começar nada sem ter uma palavra da parte de Deus.

Já falamos de Abraão anteriormente, então gostaria de trazer de volta outra parte da história desse homem de fé que pode ajudar você a entender como o propósito funciona.

> *Então o Senhor disse a Abrão: 'Saia da sua terra, do meio dos seus parentes e da casa de seu pai, e vá para a terra que eu lhe mostrarei. 'Farei de você um grande povo, e o abençoarei. Tornarei famoso o seu nome, e você será uma bênção. Abençoarei os que o abençoarem e amaldiçoarei os que o amaldiçoarem; e por meio de você todos os povos da terra serão abençoados'."*
> (Gênesis 12:1-3)

Essa palavra foi dada por Deus a Abraão seguida de uma promessa, a qual sustentou, deu rumo e foi o alicerce da vida do pai da fé. A cada passo que ele dava, a palavra ecoava dentro dele. Mesmo nos momentos difíceis, certamente Abraão se apegou a ela. Você pode dizer: "a bíblia não fala nada sobre isso, você está viajando".

Vejamos Gênesis 22:17: "esteja certo de que o abençoarei e farei seus descendentes tão numerosos como as estrelas do céu e como a areia das praias do mar. Sua descendência conquistará as cidades dos que lhe forem inimigos". Deus não fala nada por acaso, então por que ele comparou a descendência de Abraão com as estrelas e a areia?

Vamos imaginar o contexto em que Abraão estava inserido. Ele morava em tendas no meio do deserto, era necessário deslocamento para pegar água, animais precisavam ser cuidados, não havia ar condicionado e os ventos carregavam areia para todo lado. Havia grãos de areia quente em suas roupas, sapatos, até mesmo em sua pele. Agora se imagine ali. Sabemos que o deserto durante o dia possui um sol escaldante e sufocante. Como o sol é muito forte, é quase impossível olhar para cima, então Abraão olhava para a areia na maior parte do tempo. E quando olhava, ele lembrava da palavra e promessa de Deus: "a sua descendência será como a areia".

E não era só isso, espere aí, tem mais! Durante a noite, para saber o caminho que você está trilhando, é necessário se guiar pelas estrelas. Isto é, Abraão estava de olho no céu à noite, e com isso ele lembrava: "a sua descendência será como as estrelas do céu". E o céu naquela época não era como nas metrópoles poluídas e cheias de sujeira no ar, isso sequer existia naquela época. O céu era forrado de estrelas impossíveis de contar, pois elas se misturavam umas às outras e brilhavam tão fortemente que poderiam ser vistas de qualquer ponto no deserto, elas eram tão claras que eram usadas como guias.

Você está entendendo aonde quero chegar? Ao acordar, a areia estava presente. Ao dormir, as estrelas eram impossíveis de serem ignoradas. Areia de manhã e à tarde; estrelas à noite e de madrugada. A Palavra de Deus queimava e trazia sustento, segurança e realidade para Abraão 24 horas por dia. A Palavra de Deus se tornou o sustento dele. Quem sairia de sua terra e parentela, onde tinha segurança e conforto, para um lugar desconhecido e perigoso? Somente alguém consciente de que a promessa vinha de alguém digno de confiança.

Entenda algo, a palavra e a promessa que Deus libera sobre você é para que você se sustente não em recursos materiais, mas nele. Pois quando ele fala, ele cumpre. Quando ele fala, ele dá os recursos. A sua confiança deve estar na palavra dele para você, não em pessoas e circunstâncias: "foi o pastor tal que me ungiu, ele me ajuda, ele me sustenta"; "se eu sair dessa empresa, eu estou perdido"; "eu falo e nada acontece, parece que um céu de bronze está sobre mim"; "quero desistir, cansei"; "como está sendo difícil, são tantas lutas"; "será que eu fui chamado para isso mesmo?".

Eu poderia colocar várias e várias frases que muitas vezes dizemos em meio à pressão, mas sabe o que vai nos fazer continuar firmes? Não será uma ajuda financeira ou o bem-estar de não passar por situações de pressão, o que nos mantém firmes é a palavra que sustenta o nosso chamado, seja ele em tempo integral na obra ou em outro lugar.

O apóstolo Paulo recebeu uma palavra da parte de Deus referente ao seu chamado em dois momentos específicos. O primeiro foi em Atos 9:15: "vá! Este homem é meu instrumento escolhido para levar o meu nome perante os gentios e seus reis, e perante o povo de Israel. Mostrarei a ele quanto deve sofrer pelo meu nome".

Esse momento ocorreu quando Jesus falou com Ananias a respeito do chamado de Paulo.

Agora, vamos ler Atos 13:47: "pois assim o Senhor nos ordenou: 'Eu fiz de você luz para os gentios, para que você leve a salvação até aos confins da terra'".

Efésios 3:1,2 e 8 diz: "por essa razão oro, eu, Paulo, prisioneiro de Cristo Jesus, em favor de vocês, gentios. Certamente vocês ouviram falar da responsabilidade imposta a mim em favor de vocês pela graça de Deus. Embora eu seja o menor dos menores de todos os santos, foi-me concedida esta graça de anunciar aos gentios as insondáveis riquezas de Cristo".

Perceba que Paulo tinha a convicção da palavra que Deus tinha liberado sobre o ministério dele. Ele sabia que haveria sofrimentos e lutas, por isso não esmoreceu.

Atos 16 conta a tão conhecida história da conversão do carcereiro, após Paulo e Silas terem sido açoitados por expulsarem um demônio de uma mulher adivinhadora que trazia lucro para alguns romanos. Eles estavam ali naquela prisão terrível, machucados e em um ambiente inumano. Apesar disso, qual foi o posicionamento de Paulo? Ele estava adorando a Deus, louvando ao Senhor. Quem faz isso em momentos como esse? Somente quem tem uma palavra, uma promessa e uma ordem da parte de Deus, pois a palavra dá a certeza de que as circunstâncias contrárias, não importa o quão ruins sejam, estão a favor do Senhor. Tudo está debaixo dos planos dele.

Imagine se eles não tivessem adorado a Deus, se eles estivessem reclamando e murmurando contra aquela situação, dizendo: "como isso pôde acontecer conosco? Estamos pregando o evangelho. Depois que decidimos seguir Jesus, parece que tudo deu errado. Onde estava o Senhor quando eles nos açoitavam? Jesus, nós reivindicamos a nossa vitória". Pode ter certeza que o carcereiro estaria até hoje esperando para ser salvo. Mas Paulo e Silas estavam ali para que se cumprisse a palavra dada por Deus, não importava a situação exterior.

Quando alguém tem uma palavra, as circunstâncias pouco importam. Observe o que Paulo fala em 2 Coríntios 11:23-28:

> "*São eles servos de Cristo? – estou fora de mim para falar desta forma – eu ainda mais: trabalhei muito mais, fui encarcerado mais vezes, fui açoitado mais severamente e exposto à morte repetidas vezes. Cinco vezes recebi dos judeus trinta e nove açoites. Três vezes fui golpeado com varas, uma vez apedrejado, três vezes sofri naufrágio, passei uma noite e um dia exposto à fúria do mar. Estive continuamente viajando de uma parte a outra, enfrentei perigos nos rios, perigos de assaltantes, perigos dos meus compatriotas, perigos dos gentio; perigos na cidade, perigos no deserto, perigos no mar, e perigos dos falsos irmãos. Trabalhei arduamente; muitas vezes fiquei sem dormir, passei fome e sede, e muitas vezes fiquei em jejum; suportei frio e nudez. Além disso, enfrento diariamente uma pressão interior, a saber, a minha preocupação com todas as igrejas".*

Você consegue compreender o poder que tem o propósito baseado na Palavra de Deus? Paulo faz uma lista das coisas horríveis que aconteceram com ele devido ao seu chamado. O que ele está dizendo aqui? Que a preocupação real dele é com a igreja, e não com seu conforto pessoal. Com certeza essa atitude demonstra onde estava o coração dele e o poder que o propósito debaixo da Palavra de Deus tem.

> *"Todavia, não me importo, nem considero a minha vida de valor algum para mim mesmo, se tão somente puder terminar a corrida e completar o ministério que o Senhor Jesus me confiou, de testemunhar do evangelho da graça de Deus."* (Atos 20:24)

Por ter tamanha clareza acerca de seu propósito e da palavra a respeito de sua vida, Paulo não se importava consigo mesmo, somente em completar o seu propósito existencial, pois para ele era isso que realmente importava.

Além de Paulo, um outro apóstolo que também encarou claramente seu propósito e confiou na palavra de Jesus para sua vida foi Pedro.

> *"Tendo acabado de falar, disse a Simão: 'Vá para onde as águas são mais fundas', e a todos: 'Lancem as redes para a pesca'. Simão respondeu: 'Mestre, esforçamo-nos a noite inteira e não pegamos nada. Mas, porque és tu quem está dizendo isto, vou lançar as redes. Quando o fizeram, pegaram tal quantidade de peixes que as redes começaram a rasgar-se. Então fizeram sinais a seus companheiros no outro barco, para que viessem ajudá-los; e eles vieram e encheram ambos os barcos, ao ponto de começarem a afundar. Quando Simão Pedro viu isso, prostrou-se aos pés de Jesus e disse: 'Afasta-te de mim, Senhor, porque sou um homem pecador!'"* (Lucas 5:4-8)

Meu alvo ao falar de Pedro aqui não é sobre a questão do chamado dele, mas na fala de Jesus sobre ele ser pescador de homens. Nesse texto que lemos, vemos o momento da chamada "Pesca Maravilhosa", na qual Pedro é desafiado por Jesus a lançar a rede para pescar depois de ter passado a noite toda tentando e tentando sem nada pegar.

Pedro, como de costume, diz uma frase poderosa para Jesus. Mesmo sendo um pescador por ofício e mesmo sabendo que aquele não era o melhor momento para se pegar peixe, ele jogou a rede por causa de Jesus. Se Jesus disse, está dito, mesmo que as circunstâncias pareçam contrárias. Quando Pedro puxa a rede, muitos peixes foram apanhados ali, deixando-o maravilhado. Essa é uma passagem poderosa. Quando confiamos na Palavra de Deus, os resultados são os frutos que vêm em abundância, pois a promessa dele é verdadeira mesmo que as circunstâncias nos pareçam absurdas.

Mude a sua forma de enxergar os seus arredores mesmo em meio a circunstâncias contrárias. E vou ser bem sincero, elas virão muitas vezes, mas faça como Pedro: "Senhor, está difícil demais, mas sob a tua palavra eu me mantenho firme, pois a minha vida não é guiada pelas circunstâncias, e sim por aquilo que o Senhor disse".

Depois desse momento, alguns versículos subsequentes, Lucas 5:10-11 diz: "Jesus disse a Simão: 'Não tenha medo; de agora em diante você será pescador de homens'. Eles então arrastaram seus barcos para a praia, deixaram tudo e o seguiram".

Aqui foi o momento onde Pedro, Tiago e João se tornaram discípulos de Jesus, pois viram que aquele que tem a palavra é o Messias. Quando ele ordena, as coisas acontecem, e eles perceberam isso. Por isso podemos colocar a nossa confiança sempre na palavra que vem de Deus. Há milhares de promessas ao nosso respeito ao longo da bíblia, e sabemos que podemos confiar em cada uma delas, pois Deus é a Verdade Absoluta. Essas palavras e promessas são a sustentação do nosso propósito existencial.

Em uma das conferências da Igreja Videira em 2012, eu estava bem para baixo, estava pensando em desistir de tudo. Eu não estava em tempo integral no trabalho ministerial e ainda trabalhava em outra função. Houve um momento em que meu pastor chamou minha atenção acerca de algo relativamente pequeno, mas como eu já estava mal, pareceu um soco no estômago. Naquele momento, eu fui enfático e sincero com Deus: "se o Senhor não falar comigo, eu vou largar tudo. Não quero mais saber de nada". Não precisei esperar nem dez minutos. Durante o apelo da palavra que estava sendo ministrada, Deus me deu uma visão de uma porta se abrindo e uma luz muito forte passando por ela, e como se milhares de pessoas viessem até minha direção e passassem por mim. Naquele momento, no meu espírito, entendi que Deus estava me mostrando algo a respeito do meu chamado — que por meio dele, muitas vidas viriam à luz. Um filme passou na minha mente: a palavra que ele tinha me dado e muitas outras revelações que já havia recebido ao longo do tempo.

Lembro-me de que naquela semana sentei com a minha esposa para conversarmos. Não tínhamos filhos ainda e morávamos de aluguel, um comprometimento mensal e assustador em um mundo inconstante. Falei com ela aos prantos sobre me envolver 100% com o ministério em tempo integral. Ela, também chorando muito, disse que estava comigo, pois tinha convicção de que Deus estava naquele propósito. Naquele ano começaria a segunda turma do Seminário Pastoral Especial, e eu tinha uma firme convicção que era chegado meu tempo. Antes de falar com minha esposa, conversei com meu pastor, e ele me disse com essas palavras:

— Creio que você já deveria ter entrado antes, mas nunca é tarde. Com certeza creio que é o tempo, mas eu não tenho como sustentar você nesse momento, pois já temos dois irmãos na turma especial.

Ao passo que respondi:

— Pastor, eu sei que não há como me manter nesse momento, mas sei da palavra que Deus me deu, e quero entrar, pois não quero perder tempo.

Então, a partir dali, eu e mais 120 alunos começamos a Turma Especial. Esse seminário era diferente do presencial. No seminário presencial, todos os irmãos que têm um chamado para várias áreas podem participar, mas o seminário especial era somente para os que possuíam o chamado em tempo integral na obra e que já estavam dispostos a abrir mão do seu trabalho "secular" a fim de viver exclusivamente para a obra de Deus.

O que me deixa triste é que somente trinta irmãos dos 120 se formaram. Creio que isso ocorreu por dois motivos: primeiro, creio que muitos não tinham a convicção da palavra para o chamado. Grande parte ia nos apelos feitos em conferências movida mais pela emoção do que pela convicção de uma palavra liberada por Deus. Lembra quando falei no capítulo 6 sobre o fogo de palha? Isso é fogo de palha, não dura. Segundo motivo, creio que muitos não discerniram corretamente o tempo para seu chamado. Acharam que deveriam realizar o chamado naquele momento, e quando viram que não era ainda a hora correta, saíram.

Tudo que vivi e presenciei nesse tempo não ocorreu porque eu sou muito bom (porque não era e tampouco sou agora), porque eu era eloquente ou porque multiplicava e conquistava, mas pelo simples fato de confiar na Palavra de Deus. Não sou eu, é ele. Tudo é sobre ele. E se conquistei algo, na eternidade terei a oportunidade de entregar a minha coroa aos pés dele, pois eu não fiz nada, ele fez e faz.

Nesse tempo do seminário, éramos desafiados a começar uma igreja do zero. Isso foi muito desafiador, pois eu só havia liderado uma rede de jovens em minha igreja local. Começar algo assim do nada? Nossa, que tempo de crise! Quantos medos envolvidos! O frio na barriga era constante e ainda é, na verdade. Ainda assim, lá fomos nós, dependentes da promessa de Deus para começar uma igreja.

A Igreja Videira Serraria em Diadema começou quando um filho na fé muito amado se converteu por meio da vida de um discípulo. Os dois trabalhavam juntos em Diadema, e esse discípulo o chamou para um evento e o evangelizava constantemente no trabalho, até que um dia ele se converteu ao Senhor. Como esse rapaz era alguém muito influente, começou a evangelizar seus amigos, e esses amigos foram se convertendo. Depois de um tempo, cerca de sete jovens de Diadema, que se converteram por causa daquele jovem evangelizado, já estavam frequentando a Igreja Videira em Mauá, a igreja que eu frequentava. Então decidimos começar uma célula. Cinco pessoas de Mauá e sete de Diadema, todos jovens apaixonados por Jesus, querendo viver algo sério naquela cidade.

Começamos na garagem da casa de um desses jovens, um grande filho na fé muito amado. Fazíamos discipulado e a célula naquela época, e começamos a ganhar muitas pessoas para Jesus. Que tempo precioso! Doze jovens e três crianças. Enquanto isso, eu morava em Mauá, mas sabia que estar longe dos meus irmãos não daria certo, então eu e minha esposa nos mudamos para Diadema. Outra crise: minha vida toda morei na mesma cidade. Meus pais, meus irmãos, todos estavam ali em Mauá. Eu morava em frente à casa do meu pastor. Iria me mudar para um lugar onde não conhecia ninguém direito. E se desse tudo errado? E se todos desistissem? Mas Deus me fazia lembrar da palavra dele para mim.

Então fomos embora confiando única e exclusivamente na Palavra de Deus. Começamos os cultos na garagem, outro desafio, mas fomos avançando. Chegamos a realizar os cultos na garagem lotada com vinte e seis pessoas. Não cabia mais ninguém ali. Não pense que era uma garagem grande e chique, pois não era. Todas as vezes que nos reunimos ali precisávamos limpar o local, pois os carros sujavam tudo. O portão não era fechado, ele tinha frestas. Colocamos uma lona, mas mesmo assim o frio era intenso na época do inverno. Certa vez, a energia acabou somente na garagem, então improvisamos um abajur, tudo isso com a garagem cheia.

Houve um dia em que chegamos para o culto com uma hora e meia de antecedência para arrumarmos tudo. Houve um problema com o morador de uma das casas do quintal, e ele decidiu não tirar o carro da garagem, então nós fizemos o culto somente com meia garagem, que caberia no máximo 13 pessoas. Bem naquele dia o culto estava lotado e tínhamos uma cadeirante nos visitando. Lembro como se fosse hoje: liguei para o meu pastor e disse que não seria mais possível realizar o culto ali devido à perseguição (com os impedimentos) e também pelo número de pessoas que ali estavam. Depois de falar com ele, entrei na cozinha com a minha esposa e a única coisa que fizemos foi chorar e orar, falando: "Senhor, estamos aqui por causa de um propósito, e não aceitamos uma situação dessas. Temos uma palavra, e o Senhor nos chamou. Pedimos, dá-nos um prédio". Nunca vou me esquecer desse dia. Saímos daquela cozinha com o coração renovado, sabendo que Deus faria algo, pois tínhamos uma palavra, uma promessa dada diretamente por ele. E o melhor é saber que Deus me deu uma esposa com fé e cheia de palavras de enriquecimento. Por isso, se você não é casado ou casada ainda, case-se com uma mulher ou homem que tenha o mesmo sonho e propósito que você.

Ministrei sobre os doze espias naquele dia. Não era a palavra que eu iria ministrar, mas deixei o esboço de lado e declaramos: entremos e tomemos posse dessa terra, como Josué e Calebe declararam! Todas as circunstâncias estavam contrárias a nós, mas a palavra continuava sendo a mesma.

No outro final de semana, começamos as quarenta horas de jejum e oração e colocamos um propósito como igreja: o prédio novo. No primeiro dia do jejum conseguimos o prédio! Essa experiência nos marcou como igreja. Não foi nosso jejum, foi a graça de Deus nos abençoando. Entramos no prédio com vinte e seis irmãos. Após um tempo, chegamos aos quarenta. E no período de um ano e meio, chegamos a mais de cem irmãos.

Ah! É verdade! Você deve estar curioso para saber qual foi a palavra que Deus me deu. Vamos lá!

Todavia, não me importo, nem considero a minha vida de valor algum para mim mesmo, se tão somente puder terminar a corrida e completar o ministério que o Senhor Jesus me confiou, de testemunhar do evangelho da graça de Deus." (Atos 20:24)

Então o Senhor disse a Abrão: 'Saia da sua terra, do meio dos seus parentes e da casa de seu pai, e vá para a terra que eu lhe mostrarei. Farei de você um grande povo, e o abençoarei. Tornarei famoso o seu nome, e você será uma bênção. Abençoarei os que o abençoarem e amaldiçoarei os que o amaldiçoarem; e por meio de você todos os povos da terra serão abençoados'." (Gênesis 12:1-3)

capítulo 9

Pare com essa neura! O pai banca tudo

> *Se vocês, apesar de serem maus, sabem dar boas coisas aos seus filhos, quanto mais o Pai de vocês, que está nos céus, dará coisas boas aos que lhe pedirem!" (Mateus 7:11)*

Antes de falar a respeito do sustento natural (que todos nós precisamos, não importa qual é o seu chamado), quero falar sobre a forma como enxergamos Deus. Sabemos que a questão do sustento natural, se não for bem resolvida em nossas vidas, pode nos fazer tropeçar feio e nos desviar do propósito existencial para a busca pelas coisas terrenas.

Deus cuida mesmo?

Quando somos mais jovens, temos a tendência de enxergar Deus como um velho rabugento, chato, estraga-prazeres, castigador de crianças desobedientes e cheio de "não faça, não toque, não pense e não seja feliz".

Crescemos com essa imagem de Deus, de que ele é alguém que sempre está pronto a dar uma paulada na nossa cabeça quando erramos. Infelizmente, essa é a imagem distorcida do Deus de amor que servimos. Se tivermos a imagem errada de quem Deus é, não entenderemos o que ele quer fazer em nossa vida, e assim "chutaremos o balde".

Graças a Deus que temos uma fonte confiável que mostra verdadeiramente o desejo de Deus para com seu povo — a bíblia está recheada de demonstrações do amor dele por mim e por você. Vamos ler Jeremias 31:31-34:

"'Estão chegando os dias', declara o Senhor, 'quando farei uma nova aliança com a comunidade de Israel e com a comunidade de Judá. Não será como a aliança que fiz com os seus antepassados quando os tomei pela mão para tirá-los do Egito; porque quebraram a minha aliança, apesar de eu ser o Senhor deles.', diz o Senhor. 'Esta é a ***aliança*** *que farei com a comunidade de Israel depois daqueles dias', declara o Senhor: 'Porei a minha lei no íntimo deles e a escreverei nos seus corações. Serei o Deus deles, e eles serão o meu povo. Ninguém mais ensinará ao seu próximo nem ao seu irmão, dizendo: 'Conheça ao Senhor', porque todos eles me conhecerão, desde o menor até o maior', diz o Senhor. 'Porque eu lhes perdoarei a maldade e não me lembrarei mais dos seus pecado'".*

Esse texto mostra o desejo de Deus para o seu povo. Os dias da Nova Aliança chegaram quando Jesus foi crucificado na cruz do calvário, morrendo pelos nossos pecados e trazendo um novo tempo para os nossos dias.

Vejamos agora 2 Coríntios 3:7-18:

"O ministério que trouxe a morte foi gravado com letras em pedras; mas esse ministério veio com tal glória que os israelitas não podiam fixar os olhos na face de Moisés, por causa do resplendor do seu rosto, ainda que desvanecente. Não será o ministério do Espírito ainda muito mais glorioso? Se era glorioso

o ministério que trouxe condenação, quanto mais glorioso será o ministério que produz justificação!Pois o que outrora foi glorioso, agora não tem glória, em comparação com a glória insuperável. E, se o que estava se desvanecendo se manifestou com glória, quanto maior será a glória do que permanece! Portanto, visto que temos tal esperança, mostramos muita confiança. Não somos como Moisés, que colocava um véu sobre a face para que os israelitas não contemplassem o resplendor que se desvanecia. Na verdade a mente deles se fechou, pois até hoje o mesmo véu permanece quando é lida a **antiga aliança***. Não foi retirado, porque é somente em Cristo que ele é removido. De fato, até o dia de hoje, quando Moisés é lido, um véu cobre os seus corações. Mas, quando alguém se converte ao Senhor, o véu é retirado. Ora, o Senhor é o Espírito e onde está o Espírito do Senhor ali há liberdade. E todos nós, que com a face descoberta contemplamos a glória do Senhor, segundo a sua imagem estamos sendo transformados com glória cada vez maior, a qual vem do Senhor, que é o Espírito".*

O apóstolo Paulo chama a lei de Moisés de "o ministério que trouxe condenação e morte" (Antiga Aliança). Ele fala que esse ministério teve glória, mas que o ministério da justificação (Nova Aliança) tem uma glória insuperável, então podemos afirmar que a Nova Aliança é superior à Antiga.[19]

19 Hebreus 7:22.

Veja o que a bíblia fala em Hebreus 8:7-13 sobre a Antiga Aliança:

> "*Pois, se aquela primeira aliança fosse perfeita, não seria necessário procurar lugar para outra. Deus, porém, achou o povo em falta e disse: 'Estão chegando os dias, declara o Senhor, quando farei uma nova aliança com a comunidade de Israel e com a comunidade de Judá. Não será como a aliança que fiz com os seus antepassados, quando os tomei pela mão para tirá-los do Egito; visto que eles não permaneceram fiéis à minha aliança, eu me afastei deles', diz o Senhor. 'Esta é a aliança que farei com a comunidade de Israel depois daqueles dias', declara o Senhor. 'Porei minhas leis em sua mente e as escreverei em seu coração. Serei o seu Deus, e eles serão o meu povo. Ninguém mais ensinará o seu próximo nem o seu irmão, dizendo: 'Conheça o Senhor', porque todos eles me conhecerão, desde o menor até o maior. Porque eu lhes perdoarei a maldade e não me lembrarei mais dos seus pecados'. Chamando 'nova' essa aliança, ele tornou antiquada a primeira; e o que se torna antiquado e envelhecido está a ponto de desaparecer."*

A Antiga Aliança é antiquada, ou seja, é passado. Se ela fosse perfeita, não precisaria de uma nova. Então, podemos tirar a conclusão de que tudo está consumado, tudo está feito. Agora meu relacionamento com Deus não é baseado naquilo que eu faço, mas naquilo que ele já fez por mim na cruz, pois em Jesus a Lei foi cumprida.

> “*Quando vocês estavam mortos em pecados e na incircuncisão da sua carne, Deus os vivificou com Cristo. Ele nos perdoou todas as transgressões e cancelou a escrita de dívida, que consistia em ordenanças e que nos era contrária. Ele a removeu, pregando-a na cruz.” (Colossenses 2:13-14)*

Entenda isso: você não possui mais dívida alguma com Deus, você não precisa fazer mais nada para ser aceito por Deus. Jesus já fez *tudo*, agora estamos debaixo do descanso dele.

Agora que sabemos o quanto somos amados e que tudo que precisamos está à nossa disposição, podemos viver ainda mais intensamente esse relacionamento com Deus. Gerar os frutos será uma consequência desse relacionamento, será algo feito em liberdade e debaixo de um fardo leve e de um jugo suave, então cumpriremos nosso propósito de vida.

Até o nome de Deus é mudado na Nova Aliança. Nunca se leu no Antigo Testamento alguém chamar Deus de “Pai”. No Novo Testamento, Jesus deu esse nome a Deus em Mateus 6, na oração do “Pai Nosso”. O que Jesus queria mostrar ao chamar Deus de “Pai”? Que Deus quer se relacionar conosco com amor de um pai para com seu filho, trazendo segurança e cuidado ao extremo.

Tenho dois filhos: a Moriah, de seis anos, e o Noah, de quatro anos. Participei do parto dos dois. Para mim, essa foi uma experiência única e emocionante. Sempre ministrei a respeito da paternidade e do amor de Deus, mas quando segurei meus filhos nos braços, percebi na totalidade o que é o amor dele por mim.

Quando os peguei no colo naquele hospital, aqueles seres pequenos e indefesos recém-chegados e que eu somente conhecia há poucos minutos, tornaram-se as pessoas mais importantes da minha vida. Eu os abracei e pensei: "vou cuidar, amar, trazer conforto e tudo do melhor para você. Se for preciso morrer, eu morrerei". O que eles fizeram para que eu os amasse daquela forma? *NADA*. Somente nasceram.

Ao mostrar Deus como pai, Jesus estava ensinando para aqueles homens vivendo debaixo da lei, fazendo sacrifícios diários para serem "aceitos" que Deus era um pai, e como Pai os amava não por aquilo que faziam, mas simplesmente pelo fato de existirem.

Um pouco mais para frente, em Mateus 7:11, no texto que deu início a este capítulo, Jesus fala: se vocês que são pecadores, maus e perversos sabem dar do bom e do melhor para seus filhos, querem oferecer a melhor escola, a melhor roupa, a melhor casa, o melhor alimento, segurança e zelo, quanto mais o nosso Pai celestial que é santo e pensa sempre o melhor a seu respeito. Ele é o próprio amor, é a própria segurança e conforto. Ele quer dar coisas boas a vocês.

Entenda: Deus tem pensamentos bons a seu respeito. Ele nos ama e tem prazer em nos abençoar.

> "*'Porque sou eu que conheço os planos que tenho para vocês', diz o Senhor, 'planos de fazê-los prosperar e não de causar dano, planos de dar a vocês esperança e um futuro'." (Jeremias 29:11)*

Deus projeta coisas boas sobre você da mesma forma que um pai projeta coisas boas para seus filhos. Apenas lembre-se sempre de que um pai terreno pode até ser o pai mais extraordinário da face da terra, mas ele ainda continua sendo mau. Nada se compara à paternidade e ao amor que Deus tem por nós, seus filhos.

Temos acesso à despensa do Pai! O cuidado financeiro de Deus

“*Portanto eu digo: Não se preocupem com sua própria vida, quanto ao que comer ou beber; nem com seu próprio corpo, quanto ao que vestir. Não é a vida mais importante que a comida, e o corpo mais importante que a roupa? Observem as aves do céu: não semeiam nem colhem nem armazenam em celeiros; contudo, o Pai celestial as alimenta. Não têm vocês muito mais valor do que elas? Quem de vocês, por mais que se preocupe, pode acrescentar uma hora que seja à sua vida? Por que vocês se preocupam com roupas? Vejam como crescem os lírios do campo. Eles não trabalham nem tecem. Contudo, eu digo que nem Salomão, em todo o seu esplendor, vestiu-se como um deles. Se Deus veste assim a erva do campo, que hoje existe e amanhã é lançada ao fogo, não vestirá muito mais a vocês, homens de pequena fé? Portanto, não se*

preocupem, dizendo: 'Que vamos comer?' ou 'Que vamos beber?' ou 'Que vamos vestir?' Pois os pagãos é que correm atrás dessas coisas; mas o Pai celestial sabe que vocês precisam delas. Busquem, pois, em primeiro lugar o Reino de Deus e a sua justiça, e todas essas coisas serão acrescentadas a vocês. Portanto, não se preocupem com o amanhã, pois o amanhã trará as suas próprias preocupações. Basta a cada dia o seu próprio mal."
(Mateus 6:25-34)

Grandes são as nossas preocupações quando falamos de sustento natural. Jesus está nos mostrando nesse texto que não devemos ficar preocupados com aquilo que é básico e necessário para a nossa sobrevivência. Claro que no contexto em que Jesus estava aquilo que era básico e necessário era diferente. Hoje a lista aumentou. Temos carros, temos que pagar as contas de luz, faculdade, escola dos filhos etc. Mesmo com essa lista aumentando continuamente desde aquela época, Deus não vai nos deixar de lado em seu cuidado, pois ele é um pai zeloso.

Vemos essa preocupação de Deus com seu povo em vários momentos nas Escrituras:

- José no Egito (Gênesis 47);
- Maná e as codornizes (Êxodo 16);
- Elias é alimentado por corvos (1 Reis 17);
- Multiplicação dos pães e peixes (Mateus 14 / Marcos 6 / Lucas 9 e João 6);
- Assistência à Igreja (Atos 2);
- Assistência às viúvas (Atos 6).

Esses textos são apenas alguns exemplos do cuidado de Deus para com aqueles que o seguem. O cuidado dele é uma realidade, o desejo de Deus sempre é cuidar de nós, ele tem prazer nisso. Muitos pensam que Deus se alegra quando nos vê passando necessidade, com certeza nenhum pai em sã consciência se alegraria com algo assim.

Salmos 35:27 diz:

> “*O Senhor seja engrandecido! Ele tem prazer no bem-estar do seu servo*”.

Quero deixar claro que não estou falando da “teologia da prosperidade” e muito menos sobre a “teologia da miséria”, mas estou dizendo que Deus se alegra em nos ver prósperos em todas a áreas da nossa vida. Essa realidade envolve também o propósito existencial.

O que você precisa para cumprir o propósito existencial? Uma frota de aviões? Um milhão de dólares? Carro?

Sabemos
que Deus
age em
todas as
coisas para
o bem
daqueles
que o
amam."

Romanos 8:28

Tudo irá cooperar para o cumprimento do seu propósito. Deus vai colocar na sua mão aquilo que é necessário para que você o cumpra. Mas lembre-se de que o que você *acha* que precisa pode não ser o que Deus *sabe* que você necessita. As vontades de Deus não se moldam às nossas, mas as nossas devem ser moldadas às dele. E isso é algo bom. Imagine um pai que sabe que o filho quer ser médico. Esse pai vai investir tudo o que é necessário para que o filho seja um bom médico, vai comprar os livros que ele precisa estudar, vai colocar o filho no cursinho para que ele entre na melhor faculdade, vai investir no sonho dele. O pai não vai dar ao filho o que não é necessário para se tornar um médico, ele não vai falar para o filho: "vou matricular você na escolinha de futebol, para você ser um jogador", "vou comprar livros de culinária, para você ser um grande chefe de cozinha". Com certeza esse pai não vai dar os recursos para o filho envolvendo aquilo que ele não nasceu para ser.

Entenda algo, Deus disponibilizará todos os recursos necessários dentro do seu propósito específico. Seja o recurso que for.

> "*Esta é a confiança que temos ao nos aproximarmos de Deus: se pedirmos alguma coisa de acordo com a vontade de Deus, ele nos ouvirá. E, se sabemos que ele nos ouve em tudo o que pedimos, sabemos que temos o que dele pedimos." (1 João 5:14-15)*

Se a vontade de Deus para a sua vida é que você seja médico, advogado, administrador ou qualquer outra coisa, ele colocará à sua disposição o que você pedir segundo essa vontade no tempo certo para que o cumprimento do propósito seja estabelecido.

Não estou dizendo que você não passará por situações adversas, pois seria mentira da minha parte. Isso vai acontecer. Jesus mesmo disse que no mundo passaríamos por aflições. Mas não podemos deixar de confiar.

> “*Alegro-me grandemente no Senhor, porque finalmente vocês renovaram o seu interesse por mim. De fato, vocês já se interessavam, mas não tinham oportunidade para demonstrá-lo. Não estou dizendo isso porque esteja necessitado, pois aprendi a adaptar-me a toda e qualquer circunstância. Sei o que é passar necessidade e sei o que é ter fartura. Aprendi o segredo de viver contente em toda e qualquer situação, seja bem alimentado, seja com fome, tendo muito, ou passando necessidade. Tudo posso naquele que me fortalece.” (Filipenses 4:10-13)*

Admiro em Paulo a convicção que ele tinha referente ao seu chamado e à confiança em Deus em qualquer circunstância pela qual ele passasse. É isso que precisamos ter sempre: convicção e confiança, pois Deus cuida de nós. É isso que importa. Os recursos estarão à nossa disposição para alcançarmos os objetivos do Reino.

Quando comecei o trabalho em tempo integral na obra por meio do seminário, não havia nenhuma garantia financeira, meu pastor deixou isso bem claro para mim. O frio na barriga veio, com certeza, mas acima de tudo isso estava o propósito de Deus em minha vida. A única forma de sustento seria por meio de mantenedores, que são pessoas que decidem investir no ministério de um seminarista, mas já havia dois outros seminaristas na nossa igreja local, o que quer dizer que já havia mantenedores os ajudando.

Passado uns dias, fui contatado pela secretária da nossa igreja sobre irmãos querendo investir em meu ministério no tempo do seminário. Agradeço a Deus por cada um desses mantenedores, pois eles foram confirmação de Deus para o meu chamado, já que uma demonstração de que estamos no centro da vontade de Deus é o sustento que ele nos dá. Durante os dois anos de seminário, recebia esse sustento. Havia meses em que alguns mantenedores falharam, alguns pararam de ofertar, mas nunca faltou o sustento necessário.

Há dois irmãos que me ajudaram na caminhada pastoral de sustento — o Vinicius e a Amanda. Os dois são pessoas verdadeiramente desapegadas do materialismo. Lembro-me de um dia que a Amanda deu seu vale-alimentação para mim e disse: "eu não uso esse cartão, pego de volta quando me casar". Durante um ano e meio, utilizei aquele cartão para fazer compras. Saía do mercado com quase dois carrinhos cheios. Mesmo quando os dois casaram, continuaram a nos abençoar de muitas maneiras. Foi algo incrível. Deus levanta pessoas cruciais para serem usadas por ele, é por isso que Deus os prospera tanto.

Uns dos meus maiores mantenedores também foram meu pai e minha mãe, que sempre me apoiaram. Além de ser filho natural, sou filho espiritual também, pois foi por meio deles que conheci o Senhor Jesus. Durante as minhas crises de sustento, que existiram para que eu crescesse, o Senhor os usou poderosamente, mesmo que eu não expusesse as minhas dificuldades a eles.

Um dia, abrimos a geladeira e ela parecia um coco: só tinha água dentro. Se você gritasse ali dentro, com certeza haveria um eco. Não havia nada na geladeira. Não tínhamos dinheiro para comprar nada, e minha esposa estava desempregada naquela época. Mas, para variar, Deus agiu mais uma vez com seu cuidado. Não precisamos esperar mais de meia hora para escutarmos alguém nos chamando no portão. Quando abrimos, era um de nossos discípulos. Ele nos chamou e disse que estava no mercado fazendo compras para a casa dele quando sentiu algo vindo de Deus para fazer compras para nós também. Nesse momento, começou a descer com as sacolas com compras e mais compras. Para nós, não foi coincidência, foi Deus cuidando de nós.

Houve uma outra situação além dessa. Era um dia muito chuvoso, minha esposa estava cozinhando, e de repente, o gás acabou. Fui ver na carteira, mas não havia dinheiro para comprar outro. Não sabíamos o que fazer. Meu celular tocou logo em seguida, era meu pastor, que morava do outro lado da rua. Ele pediu que eu fosse na casa dele, e, mesmo com a chuva, eu fui. Ao chegar lá, ele abriu a carteira e me deu R$50,00, exatamente o valor do gás. Espera aí! Quem falou sobre isso com ele? Só eu e minha esposa sabíamos! Deus sabia da minha necessidade. Louvado seja o meu Aba, que sempre cuida de mim.

Quando minha esposa estava grávida da nossa primogênita, a Moriah, estávamos pensando em como comprar as roupinhas e todo o restante necessário. Nunca pensamos em filhos visando o gasto, pois quem pensa somente nisso é quem está focado no dinheiro, mas nós sabíamos que o nascimento da nossa filha era um propósito. É claro que crianças são custosas, mas sabíamos que Deus nos sustentaria.

Tínhamos comprado algumas coisas, mas não muitas. Minha irmã, Viviane, sempre gostou de comprar do bom e do melhor para os filhos dela e também sempre foi muito cuidadosa com as coisas que comprava para as crianças. Ela nos disse que daria as roupinhas da minha sobrinha que ela tinha guardado. Pensamos que seriam somente algumas coisas. Só para você ter uma ideia da magnitude das roupas, só compramos a primeira roupa para a Moriah quando ela tinha *dois* anos. Minha irmã nos deu muitas roupas. Se fôssemos colocar em valores, seria mais de dois mil reais em roupas. Logo depois, ela nos deu um carrinho de bebê tão caro que, quando fomos olhar o preço, achei que teria que pagar IPVA dele. Novamente, Deus mostrando o seu cuidado.

Não pense que ficávamos fazendo cara de piedade para os outros ou que ficávamos falando das nossas dificuldades financeiras, de forma alguma! Eu nunca contei vantagem do púlpito ou da minha autoridade como pastor para usar as ovelhas em prol da minha vida a fim de que tivessem dó do pastor que abriu mão de tudo pela obra. Foi agradável a Deus querer nos abençoar tanto, e eu recebi. Não mereço, mas agradeço!

Foram inúmeras as vezes em que eu, minha esposa e Moriah, ainda bebezinha, saímos de casa em dia de chuva para ir ao prédio da igreja; colocávamos Moriah no carrinho (aquele do IPVA), o cobríamos todo para que ela não se molhasse e íamos a pé até o prédio. Isso não aconteceu apenas uma vez, mas muitas vezes, pois eu não tinha carro. Os irmãos nos buscavam muitas vezes, mas havia momentos que não podiam. Em um dos meus aniversários, meu irmão, Leonardo, chamou-me para conversar e me disse que o presente dele para mim seria o carro que ele tinha, que ele iria vendê-lo e me daria o dinheiro. Eu não pedi por aquilo nem orei, mas Deus faz isso: ele cuida de tudo para o cumprimento do propósito, pois ele sabia que eu precisava daquilo. Havia um detalhe, eu não tinha carteira de motorista, ou seja, não poderia dirigir. Você, como brasileiro(a), deve saber que o valor para tirar uma carteira em nosso país é bem caro. Mesmo com essa necessidade, eu não a tinha como prioridade, havia algumas pendências na frente. Eu andava a pé ou de condução, mas, sem que eu soubesse, os irmãos da Videira Serraria estavam indo atrás do valor para mim. Em um belo dia, disseram-me que aquele valor era para que eu tirasse a minha habilitação.

Deus usa várias maneiras e pessoas para nos abençoar. Quando existe um propósito, nada vai pará-lo a não ser nós mesmos. Essa foi uma fase da minha vida que passou e com a qual aprendi demais. Se hoje não sou apegado às coisas financeiras, é por causa de cada momento como esses. Claro, se eu fosse contar todos os meus testemunhos de sustento, não caberiam aqui. Há muito mais sobre o sustento de Deus, mas isso fica para outra hora.

Quero acabar este capítulo dizendo que o seu Aba sempre cuidará de você. Ele é mais real do que este livro que está em suas mãos.

capítulo

Eita, e se der ruim? Os testes ao longo do propósito

Testes, como assim? Até aqui o livro estava bom. Testes são situações adversas, pressão de todos os lados, circunstâncias contrárias, perseguições, traições, muitas situações que passamos em nossa caminhada rumo ao cumprimento do nosso propósito existencial.

Um erro muito comum que vemos em grande parte dos que começam a seguir ao Senhor Jesus é o pensamento de que, uma vez convertida, a pessoa está dentro de uma bolha, onde nada de "negativo" pode atingi-la. Isso é besteira. Claro que passaremos por situações difíceis, mas olha o que nosso Senhor Jesus diz:

> *"Eu disse essas coisas para que em mim vocês tenham paz. Neste mundo vocês terão aflições; contudo, tenham ânimo! Eu venci o mundo". (João 16:33)*

Segundo o dicionário *Strong*, a palavra "aflição" no original é *thlipsis*, que significa: "ato de prensar", "pressão", "tribulação", "angústia" e "dilemas". Sei que tudo isso não é nada motivador à primeira vista. Mas quero que você preste atenção na primeira parte do versículo que lemos agora: "*eu disse essas coisas para que em mim vocês tenham paz*". Sabe o que Jesus quis dizer com isso? Que em algumas situações e circunstâncias você não terá sossego ou calmaria, mas teremos paz nele, mesmo que tudo esteja contra nós, que tudo pareça estar dando errado, a paz verdadeira estará nele. A paz que vem de Cristo não é dada *por causa* da situação em que você vive, mas *apesar* dela. Essa paz não significa conforto material, significa paz independentemente da situação, seja boa ou ruim.

"Não andem ansiosos por coisa alguma, mas em tudo, pela oração e súplicas, e com ação de graças, apresentem seus pedidos a Deus. E a paz de Deus, que excede todo o entendimento, guardará o coração e a mente de vocês em Cristo Jesus." (Filipenses 4:6-7)

Perceba que essa é a paz que excede todo o entendimento. Temos essa paz em meio aos testes, em meio às nossas ansiedades e preocupações. É nesse momento que o bom ânimo entra em cena, e é somente em Jesus que temos essa paz.

O que quero deixar claro para você aqui é que os testes existirão, sim. Eles vêm sobre nós não como punição, mas para demonstrar a nossa maturidade em Deus e nos moldar para o propósito que ele tem.

John MacArthur disse:

"Quando você vive em Cristo, talvez as circunstâncias não mudem, mas você mudará".

As circunstâncias, os testes e as pressões sempre existirão para o cumprimento do seu chamado, mas essas situações nos mudam a cada dia. Vamos ver o exemplo disso na vida de algumas grandes personalidades de fé.

José: o que quase foi morto por inveja de seus irmãos (Gênesis 37-45)

É incontestável que José foi um dos maiores homens de Deus que já passou pela face da terra, e para chegar onde ele chegou, foi necessário passar por situações muito difíceis como calúnias, traições, mentiras e crises.

Por cada situação pela qual José passou, suas respostas foram sempre positivas, respostas que o fizeram ser quem ele se tornou: o segundo homem mais importante do Egito, governador da nação mais importante da época. O Egito era como os Estados Unidos são hoje em dia. José era o filho mais novo de Jacó, o filho de sua velhice, por isso era o filho preferido dele. Ele deveria ser bem mimado, com certeza. A bíblia diz em Gênesis 37 que Jacó deu uma túnica linda para ele, e seus irmãos tinham um grande ciúmes de José, ao ponto de quererem matar o rapaz.

Você já deve ter presenciado uma criança mimada pelo pai e pela mãe. Geralmente eles são intragáveis, sentimentalmente frágeis e nunca, mas nunca, aceitam ouvir um "não", pois o papai e a mamãe o tratam como o rei da casa, tornando-se súditos do próprio filhinho, o bibelô da família. Veja como os irmãos de José o enxergavam: "quando os seus irmãos viram que o pai gostava mais dele do que de qualquer outro filho, odiaram-no e não conseguiam falar com ele amigavelmente" (Gênesis 37:4).

A diferença de tratamento do pai com José era notória, pelo que se pode ler. E além disso, José era o famoso "dedo duro", "fofoqueiro", "mexeriqueiro", "traíra" e "zé povinho". José costumava contar para seu pai as coisas erradas que os seus irmãos faziam.[20] Os irmãos, com todo o ódio possível, o odiavam.

Pense em toda a situação que José vivenciou para o cumprimento do propósito, cada teste. Ele poderia muito bem

20 Gênesis 37:2.

ter jogado tudo para o alto e ter se entregado ao desespero, mas ele resistiu aos duros testes pelo qual passou.

Vamos enumerar os testes:

1º traído pelos irmãos (Gênesis 37:20);

2º vendido como escravo (Gênesis 37:26-28);

3º acusado injustamente pela esposa de Potifar (Gênesis 39:11-18);

4º preso injustamente por treze anos (Gênesis 39:20);

5º foi benção para os outros presos, mas ele mesmo foi esquecido (Gênesis 40:14, 23).

Precisamos ter o entendimento de que as aflições e crises fazem parte do cumprimento do nosso propósito, pois estamos sendo moldados para que cresçamos à medida da estatura do varão perfeito, que é Jesus. Precisamos saber também que elas não permanecem para sempre, já que a vida cristã não é feita somente de crises. Na verdade, os maiores momentos são de bonanças e abundância. O mais interessante em tudo isso na vida de José é que Deus sempre esteve com ele.

Ao ser levado cativo pelos comerciantes em Gênesis 39:2:

> “*O Senhor estava com José, de modo que este prosperou e passou a morar na casa do seu senhor egípcio*”.

Ao ser lançado na prisão em Gênesis 39:21-22:

> “*Mas o Senhor estava com ele e o tratou com bondade, concedendo-lhe a simpatia do carcereiro. Por isso o carcereiro encarregou José de todos os que estavam na prisão, e ele se tornou responsável por tudo o que lá sucedia*”.

Isso me fez lembrar de uma história, vou contá-la para você. Um homem andava com Jesus na praia, e conforme eles andavam, esse homem observava que as pegadas dele e de Jesus ficavam gravadas na areia. Enquanto eles andavam, Jesus mostrava para ele os momentos de sua vida desde o nascimento até adolescência e até momentos importantíssimos no geral. Enquanto Jesus mostrava, o homem observava também as pegadas.

Houve, no entanto, um certo momento em que Jesus começou mostrar os momentos de maiores crises daquele homem, os momentos mais terríveis. Então, aquele homem vira para Jesus e diz: "Jesus até agora eu via as minhas pegadas e as suas enquanto o Senhor me mostrava que nos melhores dias da minha vida o Senhor estava comigo, mas estou percebendo que, nos momentos que mais precisei, somente as minhas pegadas estão na areia. O Senhor me deixou só nos momentos que mais precisei?".

Jesus olha para o rapaz com um olhar de amor e diz: "filho, essas pegadas que você está vendo não são as suas, elas são minhas, pois, nos momentos mais difíceis de sua vida, eu carregava você no colo".

Nos momentos de crise pelos quais passamos ou nos momentos de alegria, Jesus sempre está conosco. Essa é a promessa.

Mateus 28:20 promete:

"E eu estarei sempre com vocês, até o fim dos tempos."

Hebreus 13:5 diz:

> *Nunca o deixarei, nunca o abandonarei".*

Depois de toda a situação desesperadora, José amadureceu e se tornou o segundo homem mais importante do Egito, ele também é considerado a pessoa que mais se parece com Jesus no Antigo Testamento. Na verdade, considero que ele seja a pessoa bíblica que mais se assemelha ao padrão de Jesus ao qual devemos chegar.

> *'Cheguem mais perto', disse José a seus irmãos. Quando eles se aproximaram, disse-lhes: 'Eu sou José, seu irmão, aquele que vocês venderam ao Egito! Agora, não se aflijam nem se recriminem por terem me vendido para cá, pois foi para salvar vidas que Deus me enviou adiante de vocês'." (Gênesis 45:4-5)*

Uau! Que atitude de alguém maduro e parecido com Jesus! Traído por seus irmãos, e mesmo assim libera o perdão. Quando ele tinha poder para matar cada um deles, decidiu amar e perdoar. Não se parece com alguém que temos como Deus?

É em meio à crise que nosso caráter é forjado e onde nossas atitudes são moldadas. E o mais sensacional é vermos no verso 5 de Gênesis 45 o que José diz: "foi para salvar vidas que Deus me enviou adiante de vocês". Ele entendeu o propósito de tudo, ele entendeu o porquê das crises e circunstâncias contrárias que ele viveu: era tudo para um propósito maior. José precisava estar ali para administrar o Egito com a sabedoria de Deus no tempo de abundância, para que no tempo de crise ninguém viesse a ter fome.

Ana: a crise para a frutificação (1 Samuel 1:1-18)

Vemos na história de Ana, mãe do grande profeta Samuel, uma realidade poderosa. Antes de ela ser a mãe de Samuel, Ana passou por uma crise terrível. A Palavra de Deus nos mostra que ela era esposa de Elcana, e ele tinha duas esposas: Ana e Penina. Elcana as amava muito, contudo a bíblia diz que ele amava mais Ana. Mas havia um problema ali, Ana era estéril e não poderia lhe dar filhos, já Penina era o tipo de mulher que, só de Elcana passar perto, já estava grávida.

Isso deixava Ana muito chateada, pois, naquela época, uma mulher ser incapaz de dar descendência para o marido era uma vergonha, ou seja, o propósito de Ana era dar filhos, dar posteridade para seu marido, mas ela não podia. Entretanto, existia um porém em toda essa crise, e creio piamente que a razão pela qual Ana não poderia desfrutar da maternidade era proposital também. Vamos ler o texto:

> “*E porque o Senhor a tinha deixado estéril, sua rival a provocava continuamente, a fim de irritá-la. Sempre que Ana subia à casa do Senhor, sua rival a provocava, e ela chorava e não comia”. (1 Samuel 1:6,7)*

Ana precisava amadurecer em algo na vida dela. De certa maneira, o desejo dela de ter filhos já não era pelo prazer, mas o que nos parece é que se tornara uma certa competição com Penina movida pelo sentimento de inveja e irritação. É fato que Penina estava errada, mas o sentimento de ser uma vítima daquilo tudo atrapalhou a realidade do propósito na vida de Ana. Você pode dizer, então: "pastor, mas a bíblia diz que foi Deus quem criou Ana estéril". Realmente, isso é correto. Com certeza Deus permitiu que isso acontecesse visando o propósito que viria depois, e é isso que vou mostrar abaixo. O mais lindo de todo esse teste na vida de Ana é vermos a resposta dela.

> *E, com a alma amargurada, chorou muito e orou ao Senhor. E fez um voto, dizendo: 'Ó Senhor dos Exércitos, se tu deres atenção à humilhação de tua serva, te lembrares de mim e não te esqueceres de tua serva, mas lhe deres um filho, então eu o dedicarei ao Senhor por todos os dias de sua vida, e o seu cabelo e a sua barba nunca serão cortados'."*
> *(1 Samuel 1:10-11)*

Depois dessa atitude madura em meio ao teste, à crise, à circunstância difícil, Ana fica grávida, e dentro dela é gerado um dos maiores homens da história: o profeta Samuel, aquele que ungiu o rei Davi.

Pense em algo comigo agora. Imagine se Ana não tivesse passado por esse teste e amadurecido? Ela com certeza não teria tido um filho. Mas vamos imaginar que ela tenha tido, ela não teria entregado Samuel ao Senhor, e ele não teria sido o profeta que foi. Então a crise foi necessária, mas por quê? Pois é em meio à crise que os verdadeiros homens e mulheres de Deus se levantam em fé. Ana foi para Deus, chorou amargamente, foi sincera, rasgou o coração diante dele. Uma coisa que aprendi e você também precisa aprender: Deus só ouve os sinceros. Fale pra ele das suas crises, ele responderá no tempo oportuno, pois é na crise e nos testes que mostramos o nosso coração. Ana foi forjada em meio a tudo isso e respondeu corretamente, tudo cooperou para o cumprimento do propósito na vida dela.

Tudo o que eu e você vivemos é para um propósito maior. Romanos 8:28 diz que todas as coisas cooperam para o bem daqueles que amam a Deus e que são chamados segundo o seu propósito. E não para por aí! O verso 29 diz que aqueles que Deus conheceu, também predestinou para serem conformes à imagem de Jesus, a fim de que Cristo seja o primogênito entre muitos irmãos. Tudo coopera para que sejamos como Jesus é. Você viu a vida de José! Tudo foi forjado para ele amadurecer e se tornar como Jesus — governando, amando, perdoando e entendendo o propósito do Pai.

Você deve enxergar aquilo pelo qual você tem passado ou vai passar (lembrando que é *passar*, e não *permanecer*) como uma crise para que você cumpra seu propósito com excelência.

Muitos desistem em meio às crises. Você não pode desistir. Às vezes aquele seu chefe pode estar te perseguindo, seu casamento não está fácil, seu relacionamento com seus pais está complicado, parece que tudo o que você tem feito não tem dado resultado, mas saiba que tudo isso é passageiro. Apegue-se à Palavra de Deus, à pessoa do nosso Senhor Jesus e à doce presença do Espírito Santo, pois as grandes guerras se transformam em grandes vitórias.

Todos os homens de Deus que fizeram história foram levantados em tempos de crise, pois a crise tem o poder de forjar a mim e a você, porque ela mostra quem nós somos de verdade, para que possamos ser moldados à imagem dele.

Vai chegar o dia em que você vai olhar para trás e ver o quanto o Senhor forjou você. Mas se você desistir, você não vai conseguir ver isso. Por isso, eis aqui alguém que já passou por muitas coisas, mas pela graça de Deus está vivendo os planos dele hoje. Sei que ainda vou passar por mais situações, mas quero crescer e me tornar cada vez mais parecido com Jesus.

Lembre-se sempre de que o seu chamado é muito maior do que sua crise, pois, no final de tudo, o Senhor é quem colocará uma coroa em sua cabeça e te dirá: "servo bom e fiel! Você foi fiel no pouco, eu o porei sobre o muito".[21]

Quero encerrar este capítulo com a frase de alguém que admiro, meu pastor, Celso Defavari:

> "*Só pare de lutar quando a luta acabar*".

Creia nisso!

21 Mateus 25:21.

capítulo

O preço do chamado

Nossa, pastor, vai fechar o livro com esse capítulo, "o preço do chamado"? Vixe! Pegou pesado agora, hein? Quis colocar este como o último capítulo, pois é um princípio primordial para você entender e viver de forma intensa tudo o que leu até agora.

Tenho certeza de que você já ouviu falar a respeito da geração Nutella e da geração Raiz. Infelizmente a geração Nutella existe, e existe até na igreja. Hoje, a geração Nutella invadiu as redes sociais com suas mensagens fofinhas referentes ao evangelho e sobre um Jesus romantizado, que mais parece o ursinho fofo do que o Leão da tribo de Judá. O que nos parece nesses dias é que, na visão que temos a respeito do nosso Senhor Jesus e do seu evangelho, não existe mais o preço do chamado, não é necessário mais abrir mão de nada, é só ficar chorando no quarto, chamando Jesus de amado, que está ótimo.

Parece que alguns entenderam que, estando agora debaixo da graça (e realmente estamos), o preço do discipulado foi anulado. Quanta ingenuidade. Uma coisa não anula a outra, pelo contrário. A única forma de cumprirmos o nosso chamado é entendermos o que Jesus disse em Lucas 14:25-35.

Precisamos estar dispostos a pagar esse preço para viver aquilo que Deus tem para nossas vidas. Você pode me perguntar: "mas pastor, Jesus não pagou o preço na cruz do calvário por mim?". Eu respondo: claro que ele pagou o preço do SEU PECADO, mas não o preço da obra. Pois, para fazer a obra dele, você vai ter de matar a sua carne, vontades, emoções, além de carregar dia após dia a sua cruz. De fato, não fazemos isso debaixo do nosso esforço natural, mas tudo está debaixo do descanso e na dependência dele.[22]

22 Hebreus 4.

Viver o propósito de Deus para nós nos fará abrir mão de sonhos pessoais egoístas e viver os sonhos dele, abrir mão de relacionamentos que não tem nada a ver com esse propósito, de vontades que nos atrapalham etc.

Vemos no texto de Lucas 18 a história do jovem rico. Nosso Senhor Jesus mostrou o preço a ele: "venda tudo o que você possui e dê o dinheiro aos pobres, e você terá um tesouro nos céus. Depois venha e siga-me". O que o jovem rico fez? Virou as costas e foi embora, pois as riquezas eram de maior valor para ele do que seguir a Jesus e viver o propósito. O jovem pensou que o conforto dele era muito mais precioso.

A parábola de Mateus 13:44 expressa claramente o nosso coração e também o que eu quero falar com você neste último capítulo.

> "*O Reino dos céus é como um tesouro escondido num campo. Certo homem, tendo-o encontrado, escondeu-o de novo e, então, cheio de alegria, foi, vendeu tudo o que tinha e comprou aquele campo.*"

Esse homem da parábola encontrou um tesouro. Esse tesouro é o Reino dos Céus, então ele vai, vende tudo o que possui para comprar o terreno onde está esse tesouro. Isso nos mostra que esse homem realmente pagou o preço. Quando falo sobre pagar o preço, parece que estou tratando de algo chato e pesado, mas pagar o preço fala sobre você dar o REAL VALOR, ao ponto de dar a sua vida por aquilo. Significa valorizar tanto aquilo que, para mim, não importa o que preciso fazer por aquilo, eu simplesmente faço. Jesus é o nosso maior tesouro, e a obra na qual estamos envolvidos é dele, e ela é tão séria e tem tanto valor que ele morreu por isso. Lembre-se de que essa obra tem a ver com vidas, pois estamos aqui pelas vidas, o que fazemos é pelas vidas, o preço que pagamos é por Jesus e pelas vidas. Você consegue mensurar o valor de uma vida para Jesus? Por isso que o preço vale a pena, por isso que abrir mão de nós mesmos vale a pena, isso é valioso demais.

O que vou mostrar a seguir é algo que a geração Nutella jamais aguentaria, pois isso é para quem realmente é Raiz.

> “*Que mais direi? Não tenho tempo para falar de Gideão, Baraque, Sansão, Jefté, Davi, Samuel e os profetas, os quais pela fé conquistaram reinos, praticaram a justiça, alcançaram o cumprimento de promessas, fecharam a boca de leões, apagaram o poder do fogo e escaparam do fio da espada; da fraqueza tiraram força, tornaram-se poderosos na batalha e puseram em fuga exércitos estrangeiros. Houve mulheres que, pela ressurreição, tiveram de volta os seus mortos. Uns foram torturados e recusaram ser libertados, para poderem alcançar uma ressurreição superior; outros enfrentaram zombaria e açoites; outros ainda foram acorrentados e colocados na prisão, apedrejados, serrados ao meio, postos à prova, mortos ao fio da espada. Andaram errantes, vestidos de pele de ovelhas e de cabras, necessitados, afligidos e maltratados. O mundo não era digno deles. Vagaram pelos desertos e montes, pelas cavernas e grutas.” (Hebreus 11:32-38)*

Olhe o estilo de vida que esses homens e mulheres levavam! Eu sei que hoje vivemos em uma outra época, mas sejamos sinceros, será que não existe nenhum preço para pagarmos pelo nosso chamado? Agora estamos debaixo de uma "graça barata", a graça sem discipulado, a graça sem o serviço, a graça sem dar a vida, a graça para ficar cantando louvores como se isso bastasse. A graça verdadeira é para perdoá-lo, fazê-lo aceito e capacitá-lo diante de Deus e não pra deixar você "folgado" e de braços cruzados.

> "*Mas, pela graça de Deus, sou o que sou, e sua graça para comigo não foi inútil; antes, trabalhei mais do que todos eles; contudo, não eu, mas a graça de Deus comigo.*"
> *(1 Coríntios 15:10)*

Paulo deixa muito claro nesse texto que trabalhou mais que todos os apóstolos, na verdade, não ele, mas a GRAÇA de Deus com ele. A graça é capacitação, auxílio, ajuda para que eu trabalhe, ponha a mão na massa e pague o preço pelo meu chamado. E Paulo ainda fala: "e sua graça para comigo não foi inútil". Isso quer dizer que a graça é útil quando ela me capacita a cumprir o meu propósito, que tem "preço" dentro dele.

Quando Paulo olhava para a vida dele, mesmo possuindo coisas naturais de extremo valor, ele considerou tudo aquilo como esterco, lixo, comparado com Cristo, ou seja, o valor de Cristo é muito maior. [23] Por isso, não importa o que ficou para trás, do que tenho que abrir mão, Jesus e seu Reino valem muito mais. Muitos podem pensar que esse era o

23 Filipenses 3:3-8.

chamado unicamente de Paulo, mas entenda, o que Paulo diz é somente uma extensão do que Jesus disse nos textos que lemos anteriormente, é algo para todos os discípulos.

Eu imagino um dia em que a geração Nutella chega diante de Paulo para conversar lá na eternidade. Paulo está todo entusiasmado por ver os irmãos e saber como foi a jornada deles aqui na terra, e faz uma pergunta: "paz, meu irmão. E aí, como foi a sua vida terrena? Como foi seu ministério, quantas igrejas você plantou? Me conte, como foram os milagres que o Senhor fez por meio de você". O irmãozinho vira e diz: "então, Paulo, eu fiz parte do ministério de dança, do teatro da igreja e do louvor, às vezes eu ia ao culto, não gostava muito de evangelizar. Eu tinha vergonha. Mas eu sei que sou mais que vencedor, posso tudo naquele que me fortalece".

Isso é incoerência com as Escrituras, porque todos os homens e mulheres de Deus viveram uma vida de renúncia e investiram suas vidas no propósito que foi dado a eles, e agora a nossa geração não precisa fazer mais nada. Os perdidos que se achem sozinhos, os novos na fé que se consolidem sozinhos, me deixa aqui no meu canto, quero viver a minha vida em paz. Lembrando que evangelizar e cuidar dos irmãos é para todos os que creem, pois está dentro do propósito geral do cristão.

Veja o exemplo do grande homem de Deus, Moisés, em Hebreus 11:24-26:

> *Pela fé Moisés, já adulto, recusou ser chamado filho da filha do faraó, preferindo ser maltratado com o povo de Deus a desfrutar os prazeres do pecado durante algum tempo. Por amor de Cristo, considerou sua desonra uma riqueza maior do que os tesouros do Egito, porque contemplava a sua recompensa".*

Como alguém pode considerar a desonra como maior riqueza do que os tesouros do Egito? E olha que o Egito naquela época era uma superpotência mundial. Somente alguém disposto a pagar o preço por amor consegue fazer isso, pois entendeu que Cristo vale muito mais a pena que os prazeres passageiros do pecado, que dão um prazerzinho de minutos e depois passam. Jesus nos dá suficiência, satisfação, propósito existencial e razão para viver, por isso o preço do chamado é válido.

Quando me converti, eu possuía alguns amigos de infância, e nós sempre andávamos juntos, mas durante um bom tempo eu tive que me afastar deles, pois tive que fazer uma escolha naquela época: ou continuaria com a amizade deles, que eu sabia que me afastaria daquilo que Deus tinha para mim, pois eu era um novo na fé e não tinha raízes, ou me afastaria durante um tempo para criar as raízes, e assim poder me aproximar e influenciá-los. E foi isso que fiz. Não foi fácil, mas valeu a pena.

De quantos sonhos e planos pessoais tive que abrir mão, quantas vezes não tive que ouvir: "você valoriza mais a igreja do que a família! Nossa, o Henrique só se envolve nas coisas da igreja". Muitas vezes ouvi coisas assim, mas eu sabia que era um tempo no qual eu tinha que pagar um certo preço pelo meu chamado. Quando decidi fazer o seminário, muitos me apoiaram para ir, mas muitos com certeza pensaram: "nossa, como assim, ser pastor? Tão jovem e desperdiçando tanto talento?". Já passei por noites mal dormidas, calúnias, traições, fofocas e muito mais, mas você acha que me arrependo? De forma alguma! Pois o preço pago só faz valorizar mais ainda o chamado. Eu sempre pensei em cada situação: "se Jesus passou, eu também vou passar!".

Abrir mão das nossas vontades com certeza é a pior coisa de todas as coisas. É um preço difícil de pagar muitas vezes, pois a nossa carne grita por fazer a nossa vontade.

> "*Se alguém quiser acompanhar-me, negue-se a si mesmo, tome diariamente a sua cruz e siga-me." (Lucas 9:23)*

Tomar a minha cruz

Negar a si mesmo é abrir mão das minhas vontades para viver as vontades dele para mim. Temos nossos projetos pessoais, mas são nossos ou dele? Tem a ver conosco ou com ele? Negar a si mesmo fala sobre viver única e exclusivamente para ele, deixando que ele assuma a direção da sua vida.

Falei sobre isso o livro todo. Isso significa seu propósito de vida. O de Jesus era literalmente a cruz, mas o seu propósito é outro, e tudo tem a ver com vidas e com a vontade do Pai. Porém, há o detalhe do "diariamente" — você carrega a sua cruz não só no domingo de culto ou no dia da reunião da célula, você é um sacerdote onde você estiver. Todo dia é dia de cumprir o seu propósito.

Seguir Jesus

Eu não posso sair fazendo o que dá na telha. Porém é aqui onde eu checo e verifico se realmente estou negando a minha vontade e tomando a cruz.

Seguir Jesus é pisar as mesmas pegadas dele, pois sabemos que ele foi o único que fez toda a vontade do Pai. E agora preciso pegar a mesma rota e seguir o mesmo trajeto que ele está seguindo, mas sem desviar nem para esquerda nem para direita, pois como disse Pedro em João 6: "Senhor, para quem iremos? Tu tens as palavras de vida eterna". Esse é o caminho que me conduzirá à vida eterna.

Entenda algo: viver o nosso propósito de vida é maravilhoso, e o preço não será pesado, pois sejamos sinceros, você acha caro "pagar" por algo que você ama? Claro que não! E lembre-se, preço não tem a ver com algo ruim, mas com aquilo que eu valorizo. Eu valorizo demais o meu Senhor Jesus e seu Reino. E você?

Fique em paz, tudo já deu certo, e eu encerro este capítulo com esta promessa:

> "*Então Pedro lhe respondeu: 'Nós deixamos tudo para seguir-te! Que será de nós?'. Jesus lhes disse: 'Digo a vocês a verdade: Por ocasião da regeneração de todas as coisas, quando o Filho do homem se assentar em seu trono glorioso, vocês que me seguiram também se assentarão em doze tronos, para julgar as doze tribos de Israel. E todos os que tiverem deixado casas, irmãos, irmãs, pai, mãe, filhos ou campos, por minha causa, receberão cem vezes mais e herdarão a vida eterna'". (Mateus 19:27-29)*

the e

Conclusão

Creio que se chegamos até aqui, em algum momento o Senhor falou ao seu coração. Meu alvo ao escrever este livro foi lhe mostrar que você foi escolhido para algo, você não nasceu de "chocadeira", como dizem por aí. Você não foi obra do acaso e está somente de passagem por esta terra.

Ele escolheu e capacitou você para uma obra geracional, uma obra que você e eu deixaremos como legado para a próxima geração. Mas enquanto estivermos aqui, iremos cumprir o propósito para o qual fomos chamados, não importa se você foi chamado para ser um médico, peão de firma, faxineira, segurança, agricultora, engenheira, lutador de judô, jogadora de futebol, pastor, o que importa é você cumprir o seu propósito.

Que possamos chegar ao final da nossa vida e dizer como o apóstolo Paulo disse em 2 Timóteo 4:7: "combati o bom combate, terminei a corrida, guardei a fé". Mesmo com todas as lutas pelas quais passamos, estaremos firmes não porque somos bons, mas porque entendemos que existe algo muito maior do que nosso conforto pessoal, nd

que é fazer algo relevante neste tempo que chamamos de vida, e esse "algo relevante" é cumprir aquilo para o qual fomos chamados.

Não aceite viver sua vida cristã como aquele que simplesmente esquenta o banco do prédio da igreja e não está nem aí para nada. Você nasceu para cumprir o seu propósito de vida, ninguém vai fazer o que você tem que fazer.

Minha oração é que você cumpra o seu propósito e marque esta geração.

Deus o abençoe!

Compartilhe sua leitura com outras pessoas! E não se esqueça de me marcar nas redes sociais, hein? Estou de braços abertos (ou direct aberto) para receber você, querido leitor, que embarcou comigo nessa jornada por um propósito! Aguardo você lá ;)

@henriquebotani

#salve

A quem eu devo tudo o que tenho e sou é ao meu Deus. Se estou aqui, é por causa do seu grande amor e da sua infinita graça. Deus Pai, Senhor Jesus e doce Espírito Santo, vocês são incríveis, muito obrigado, e não vejo a hora de estar face a face com vocês e poder passar a eternidade desfrutando de sua doce presença. Maranata!

À minha amável e doce esposa, Ingrid, por ser essa companheira de todas as horas. Agradeço por orar, chorar, rir comigo em cada situação. Sei que sempre posso contar com seu amor e seus dons. Meu propósito só é completo com você. Sou muito feliz ao seu lado, amo você mais do que a mim mesmo.

Às minhas flechas, que o Senhor me deu para lançar bem longe, meus filhos amados, Moriah e Noah. Quando vocês nasceram, pude entender claramente o amor de Deus por mim, vocês expressam a graça de Deus. Vejo em vocês o anseio de uma geração apaixonada por Jesus. Vocês me inspiram a ir mais longe, vocês são meu projeto de vida, em vocês verei nações tomadas pelo mover de Deus. Amo vocês demais.

Aos meus pais, José Carlos e Jô, por me apresentarem à pessoa mais importante da minha vida: Jesus. Vocês são meus pais duas vezes. Obrigado por cada investimento em mim, por me apoiarem em cada momento do meu ministério. Para agradecer vocês, eu precisaria escrever um livro somente para isso. Vocês são meus heróis nesta terra, os admiro, os respeito e os honro. Amo vocês demais.

Aos meus irmãos, Leo e Vivi. Obrigado por serem mais que irmãos, somos também amigos. Mas uma coisa que precisa ficar registrada aqui é que eu sou o preferido da mamãe. Amo muito vocês e sei que posso contar com os dois em todos os momentos. Leo, você se tornou mais que um irmão, você é um companheiro de todas as horas.

Aos meus *paistores* (pais e pastores), Celso e Solange. Desde 2005 vocês investem em mim. Estou aqui hoje graças à ajuda de vocês, e devo muito aos dois por me inspirarem e me desafiarem a ir mais longe, por me tratarem como filho e por acolherem a minha família como se fosse a de vocês. Vocês são inspiração para esta geração e para mim. Os tenho como pais. O legado de vocês está sobre nós, e continuaremos com a mesma paixão e zelo. Obrigado por colocarem em mim o anseio pela eternidade.

Aos meus pastores dos Radicais Livres, Ricardo e Flávia Landim, vocês marcaram as nossas vidas de uma forma muito preciosa, e isso em tão pouco tempo à frente dos Radicais SP. Vocês, com certeza, têm feito história na vida de milhares de pessoas, e nós somos parte delas. Estamos aqui a fim de, juntos, marcarmos esta geração. Muito obrigado por tudo. Amamos vocês, que sejamos como Eliseu nas suas vidas.

Ao Pr. Ricardo Bertoldi e Pra. Vanessa pelo tempo que vocês nos lideraram. Foi exatamente um ano, e nesse tempo vocês foram como bálsamo sobre nossas vidas, somos gratos a Deus por cuidarem de nós, nos amarem e nos impulsionarem. Vocês são referenciais para nós, honramos a unção e vida de Deus que há em vocês. Muito obrigado.

À Igreja Videira Serraria. Obrigado a cada irmão, pois foi com vocês que comecei a aprender o que é ser um pastor, foi com vocês que dei os primeiros passos no meu chamado, foi com vocês que, no dia 25/03/16, o óleo desceu sobre minha cabeça. Amo a cada um como um pai ama um filho. Em especial, quero agradecer àqueles que começaram comigo limpando a garagem em cada culto, tirando água da rocha. Quanta lágrima investida... Agradeço a vocês: Weslei, Vanessa, Felipe, Kathy, Paula, Fernando, Luciano, Rafaela, Vinicus, Amanda, Kelvin, Thamires, Jonathas, João Paulo e Jéssica. Vocês são filhos amados.

Escrevo este livro em um novo tempo, como pastor de Jovens da Igreja Videira de Ourinhos, e tenho muito a agradecer a essa equipe, que me recebeu de uma forma tão amorosa. Agradeço a cada irmão e irmã envolvidos na edificação desta obra. Agradeço aos filhos na fé, que estão ombreando comigo essa obra: Bruno, Taiana, Jean, Gi, Jeh, Iza, Douglas, Juliana, Victor, Wyuriane, Rômulo e Aghata. Filhos que amo.

Muito obrigado a todos da rede Radicais Livres de Ourinhos, sem vocês eu nem estaria aqui, vocês são preciosos demais.

Aos meus amigos que amo, Pr. Filipe Defavari, Pr. Filipe Silva, Pr. Weslei Varella, Pr. Bruno Vidal, Pr. Marcos Noé e Raul Lima. Preciso muito de vocês em meu ministério, vocês são peças fundamentais para o meu crescimento, aprendo muito com vocês, a amizade de vocês me impulsiona e me inspira, são amigos mais chegados que irmãos.

Obrigado João Cezario e Isa por serem sensíveis à voz de Deus e acreditarem nesse livro, que alcançará vidas e levará pessoas ao propósito de Deus. O investimento de vocês terá grandes frutos tanto aqui na terra quanto na eternidade.

Esta obra foi composto na família tipográfica Archer Pro e Avenir LT, capa em papel-cartão 250 g/m² e miolo em papel Pólen Soft 70 g/m² impresso pela gráfica Imprensa da Fé.